WORK·BREAK
TIME·MONEY
PARTNER·FUTURE

我喜歡工作 如果可以，不上班的工作更好

劉揚銘 著

悦知文化

「想看見全新的自己，就去工作。」

——河井寬次郎，日本陶藝家。

序言

試著把人生過得理想一點，以及本書的使用方法

謝謝你翻開這本書。

這本書記錄了一個曾在工作中消耗殆盡的普通人，離職流浪、開始自由工作，在生活中逐步調整，終於重新喜歡上工作的過程。每篇文章都出自一個關於工作的疑問，寫出嘗試解答的經驗與反思。

這些經驗不是成功法則，有些甚至很失敗，但誠實描述當時面臨的情況、做出抉擇的原因，是我親身實踐過，或正在進行中的歸納與整理。世上有無數工作，工作者

背景各自不同，能取捨的條件不一，因此這些經驗或許無法複製，但如果你也感受過類似的難題，能在這些嘗試過程中產生一些共鳴，甚至啟發解決困難的路徑，就再好不過。

本書分為三大部分、談六個主題：工作與休息、時間與金錢、同伴與未來。這六個主題是我重新喜歡上工作的原因，認真工作也能好好休息，妥善管理時間和金錢的交換關係，如果還擁有一起創造未來的同伴，這樣的生活很不錯吧，好希望能達成。而為趨近目標所帶來的思索與行動，都列舉在書裡。此外，也從個人疑問出發，找尋不同領域的工作者對談，在相似與相反的觀點中碰撞出火花，自賣自誇地說，這裡的內容十分精采。

如同旅遊地圖一樣，我把本書的使用方法簡介如下：

第一部分敘述工作與休息，說明從上班過勞到開始自由工作，途中所面臨的掙扎與持續思考的疑問。過去的我總把「休息」當成工作做完之後剩下的事，在身體倒下後終於學會，休息應該和工作一樣，都是需要認真面對的事情。

很榮幸邀請到城邦出版集團首席執行長何飛鵬（他是我人生第一份工作的大老闆）對談關於工作、休息甚至退休，在體制內上班與體制外自由，各種嚴厲與閒散的可能。

第二部分描述時間與金錢，彙整上班與自由工作生涯中，對時間管理的各種嘗試，還有從領薪水過渡到接案的收入結構中，對於如何用錢的思索。為何選擇減少收入、減少花費以換取更多自由時間，以及懶散個性該如何自我管理。

感謝誠品書店的企畫，讓我有機會能與二十世代的投資研究員林旻毅，以及Podcaster股癌對談，產生了賺錢還是不賺錢，財富能否自由的意見激盪。

第三部分講述同伴與未來，記錄工作如何帶我認識新夥伴，完成每個專案都有機會進入一個新領域、認識新朋友，工作成為我拓展生活圈的方式。還有關於寫作、自由工作這份職業，對未來的憂慮與解除憂慮的嘗試。

在商業職場領域書寫工作的我，很高興能邀請文學作家陳又津，對談寫作者的生活，如何面對批評與恭維，以及沒有同事如何找到工作歸屬感。

書寫本書的過程中，深知當中每個選擇，都只是眾多可能的一種，而且不見得比較好，甚至是客觀來說更差的一種，只是，這些選擇依然構成了讓我覺得快樂的生活。能把需要面對的取捨如實寫出，描述工作與生活的面貌，並非分享成功經驗，只是敘述一種可能。在不同人生中，如果能做為對照，陪伴一樣在思索工作的人走過一段路，或許已經足夠幸運。

我會繼續思考人和工作的關係，繼續寫下去，希望能敘述更多人的工作與生活。

Content

序言——試著把人生過得更理想一點，以及本書的使用方法 006

Part 1 工作與休息

A 正職上班以外的可能

01 努力拒絕正職，因為對上班的日子心有餘悸——我喜歡工作，但如果可以，不上班的工作更好 018

02 不是有能力所以自由，是踏向自由才逼自己變強——脫離安穩平淡，進入自由與焦慮的人生 028

03 重新愛上工作，目標是「不符合勞基法」？——調整自己和工作的關係，發現工作不等於上班 036

04 摸索理想的工作樣貌，當自己人生的老闆——做喜歡的事，並且賺錢活下來 046

B 健康持續的工作環境

01 學過各種努力的方法，卻沒學會如何休息 058

——跨越失敗很棒，但有時候，放棄也沒關係

02 低潮時什麼都不做，等身體和心靈恢復自然 068

——不必時時刻刻衝刺，給自己一段空白也不錯

03 關於跑步，何時該停？村上春樹和松浦彌太郎的不同是…… 078

——「直到最後都沒有用走的」vs.「狀況不好就自然停下」

04 比起硬撐向前，選擇停下更需要勇氣 088

——追求更多、更快、更遠，也要學會享受過程

對談：最好的工作者，懂得何時能拒絕老闆要求 098

超專業嚴厲老闆・何飛鵬 vs. 小確幸閒散工作者・劉揚銘

——留在體制內或走向體制外，如何增加自己的職場議價力？

面對老闆要求，是提高工作效率或乾脆減輕工作負荷？

獨立於公司外，如何取得工作生活的平衡，規畫退休？

Part 2

時間與金錢

A 不枉人生的時間運用

01 用整理房間的心情，整理使用時間的方式 120

——管理時間資源、給自己挑戰目標，是自由的權利與責任

02 自律是被逼出來的，熱情也需要截止日期 132

——記錄與回顧，讓每天過得更值得

03 創意時間腦袋放鬆，效率時間神經緊繃 142

——「想」跟「做」兩種工作，時間進行方式不同

04 投資和其他人相反的時間，換選擇的可能 152

——思考「做更少」的價值

B 減少花費的有趣日子

01 設定收入上限，目標是每年賺更少 160

——了解自己需要什麼，所以不花太多時間去賺錢

02 優先累積專業與信用，其次才是金錢 170

——安全感與成就感，不一定透過金錢達成

03 為錢、不為錢的工作，都能做，也都要做 178

——用「為不為錢／有不有趣」四個象限區分工作

04 賠錢為目標的專案，得到金錢外的收穫 188

——學到創意和生產、定價與銷售，還有志同道合的朋友

延伸專欄——關於「小誌」超負責報告書 198

對談：若不想人生被金錢控制，要怎麼花在喜歡的事情上？ 200

二十世代投資研究員・林旻毅 vs. 四十世代初老作者・劉揚銘

——金錢到底什麼，怎樣才算有錢？

賺錢是為了什麼，能讓社會變得更好嗎？

不想賺錢有錯嗎？

你如何看待貧富不均的社會現狀？

對談延伸：Podcaster 股癌：賺錢是一件快樂的事！ 208

被菜雞追隨的主委・股癌 vs. 對錢雲淡風輕・劉揚銘

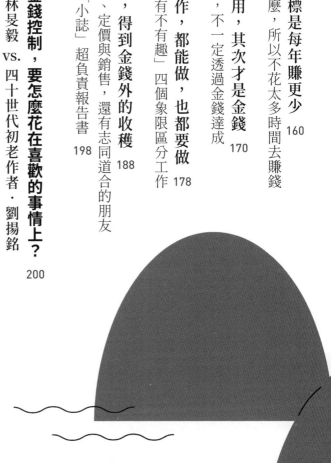

Part 3 同伴與未來

A 個人群體的互動關係

01 平等的合作關係，激勵自己成為更友善的人 218
——無論職位高低，都用相同態度回應

02 如果在一起對彼此都好，才選擇在一起 226
——創作者的另一半都要修水電!?

03 工作帶來新朋友，接觸未知領域，也打開生活圈 238
——累積作品、累積工作成果，是自己的名片

04 釐清選擇的風險，出錯時能勇敢認錯 246
——當作品被批評、被打臉，調適心情的方法

B 期望創造的自由未來

01 取捨「想做」與「能做」，不是燃燒熱血就好 256
——從現在就能實行、失敗也不會倒下的事情開始

02 不找現成職位，自己設定工作型態 264
——做什麼都好，設法做出成果，吸引人願意買單

03 生存焦慮與不安全感，推動自己持續進步 272
——完成每一個專案、每一次挑戰，會變得更強

04 面對不確定也敢做決定，相信運氣會在身邊 280
——成功失敗都無妨，只要願意嘗試不同

05 「劉揚銘」一人公司的二〇二〇年度會報 288
——雖然在前面兩個路口摔倒，但我還會爬起來，繼續前進！

對談：就算沒中樂透，還是想繼續寫下去 300
小說家‧陳又津 vs. 工作研究者‧劉揚銘
——寫作者都對未來焦慮，如何做好持續的準備？
寫作是孤獨的工作，家人與同伴如何互相支持？
當作品被批評、工作面臨瓶頸如何度過？
文學與商業職場寫作者，有哪些相同的意見和不同的觀點呢？

·BREAK·WORK·BREAK·WORK·BREA

Part 01
工作與休息

學著把工作當成一段長跑，
不要過度負荷，
最好可以找出舒服的、
適合自己的生活節奏。

WORK·BREAK·WORK·BREAK·WOR

A

正職上班以外的可能

01

努力拒絕正職，因為對上班的日子心有餘悸

——我喜歡工作，但如果可以，不上班的工作更好

我從三十三歲以後就沒上過班了，察覺這點的時候，多少感覺恐怖。如果離開職場太久，未來找工作會不會很難，中年失業怎麼辦呢？自由工作進入第九年，已超過我曾在雜誌社上班的七年時間，當然也累積了不少經驗，卻還是沒把握這決定是否正確。

不久前認識年輕又有才華的新朋友，對方說：「我看了你的書後就決定辭職，現在開始自由工作。」寫書果然有社會責任，我既然寫了離開公司的書，如果還跑回去上班就太不負責任了。幸好已經立定志向，如果人生還有選擇，希望用個人能力存

活在世界上，不是找老闆付薪水給自己，而是用專業找客戶合作。只要還活得下去，就不會回頭上班。

因為害怕被看輕，以前不敢承認，努力拒絕正職是因為對上班感到恐懼，辭職八年後至今還心有餘悸，不敢再走進任何一個職位裡。

別誤會，**我不是討厭工作，相反地，很熱愛過去從事的工作，它帶給我成長、自信與成就**，讓我從一無所知的新手，慢慢體會編輯工作的樂趣。一天一天，知道自己的努力能讓雜誌慢慢變好看之後，不只一次拿出自己參與製作的專題，對朋友炫耀說它真的很不錯。能在一個互相激勵的團隊裡，和夥伴合作，用雙手打造很棒的作品，還想推廣給更多人知道，那樣的激昂與熱情，是工作最好的回憶。

然而我卻離開公司，離開我喜歡的工作，只因當時的我已經被工作給淹沒。

當人生只剩工作、工作、工作

每天到公司，是為了處理那些永遠做不完的事，好像探險電影裡，眼前是沒有盡頭的密道，但在身後滾動的巨石球已近在腳跟，主角只能向前狂奔逃跑。不被工作巨輪輾過的唯一方法是比它跑得更快，所以我努力提升工作效率，但事情提前做完，並不能提早下班，完成一件工作並不會減少一件，反而會衍生出其他三件。超級英雄電影說，能力愈強，責任愈大；切換到辦公室場景，這句對白變成效率愈快，工作愈多。

後來我才了解，公司營業額要提升，業績要成長，做的事情會增加是必然，能減少與捨棄才是偶然。如果我當了老闆，大概也沒有太多選擇的餘地。**工作量增加不是突變，而是在例行事項裡，這邊多一個專案、那裡多一次支援，一天一天漸漸改變，以致於剛開始誰都沒有發現**。我還曾經自豪加班熬夜時的集中力，沒有我火力全開處理不了的事情，然而，需要火力全開加班的次數卻愈來愈多了。

辭職前估算，工作量差不多是自己新人時期的兩倍（七年兩倍，如果是投資報酬率該多好），但隨著職位提升，負起更多責任難道不是應該的嗎？得帶領年輕同事進入狀況，協調任務分配，處理其他同事的需求，至於自己的工作，很自然變成下班後繼續完成，或乾脆帶回家做。

過勞的另一面就是自己的表現慾望，我不想輸給同事，不想被人質疑升職與加薪的資格，所以時常自告奮勇接下新任務，不讓同事專美於前。於是肩負的責任愈多，要處理的事更多，即使努力提升效率，空下來的時間又會被工作填滿，我再也無法擺脫探險密道裡的巨石，它翻滾壓過我的腳跟。

今天可以條理分明地理解工作負荷增加的原因，但發生當下，只知道夜深人靜時的焦慮和壓力，沒有時間靜下來想、退一步分析，太陽升起後，早上醒來又要去上班。直到出了幾次狀況，慢慢察覺自己的健康與精神狀況已經不堪負荷，於是認真考慮把離職當成選項。

撞倒路人也不道歉的行屍走肉

第一次是我在路上撞倒路人，要說原因，只是「我覺得」她擋了我的路。下班時間的路口斑馬線，被摩托車陣塞住，對向行人湧來，一個女生迎面走來，我不想被任何人卡住腳步，於是直接把她撞倒。

她摔在地上，痛得叫了一聲，我卻面無表情繼續往前走。她追上來拉住我的肩膀，罵我為什麼要撞人。我回頭，雙眼直瞪著她，一句話也沒說。從她的眼神看到憤怒和屈辱，但我只像殭屍一樣盯著她看，沒有感覺。女生後來轉身走了。我沒有道歉，也不知道後來她如何緩解無故被撞倒的憤怒，只是當時的我比她更焦躁、更憤怒。我想她多少是對我感到恐懼而轉身的。原來工作壓力可以讓我成為毫無同理心的混蛋，雖然我本來也稱不上善良。

把路人撞倒時，現在的老婆（當時的女友）陪我去買晚餐，她替摔倒的女生感到委屈，不好意思走在我身邊，只能躲在遠處，所以沒能幫我道歉。直到回家後，老婆才慢慢對我說：「**你整個人都不正常，你本來不是這樣的。**」

終於這才開始自覺，壓力已經侵蝕我的身心，不斷對世界釋放惡意。

今天還會想起當時殭屍般、無法道歉的自己。在那之前，身邊的人已經注意到我的狀況，只是不知該如何表達，說了大概也聽不進去。當時我還沒有學會請別人分擔一些自己的壓力，其實只要願意開口，很多人會樂意幫我：「如果你累垮了，反而會給別人帶來更多困擾，不要逞強把所有事扛在身上。」老婆說。

真希望當時能懂這個道理，不久後，我就因為累垮而帶給許多人困擾。

趕我回家休息的總編輯

兩個月後，我在雜誌截稿前一天生了場大病，起因是病毒性腸胃炎。那天早上起床後上吐下瀉，還是趕到公司上班，一篇稿子還沒寫，而且是專題開頭導論，不可能抽掉，「今天不交稿，雜誌就開天窗了……」我在座位上虛弱掙扎，剛進辦公室的總編輯知道狀況後：

「你、立刻離開公司去看醫生，不准再進辦公室。不准！」

「可是還有很多工作沒完成……」

「其他同事會幫忙，況且你留在這裡只會影響別人。」

後來看了醫生，說病毒性腸胃炎一般不會這麼嚴重，但如果是身體抵抗力弱便很難復原。打了針、吃了藥，回家倒在床上，一邊發燒一邊掙扎地交出一篇超級爛的文章，同事代替我完成其他工作。雜誌準時出刊，但我在家足足躺了三天才下床。身體最基本的進食機能停止，吃下去的東西原封不動地吐出來，已在身體裡的則是排泄出來，空洞洞的身體，第一次感覺自己壞掉了，了解不能再這樣下去，我的工作需要改變。

對當時把我趕去看醫生的總編輯，今天還是萬分感謝，離職後，她仍然是我生涯路上的好前輩和好朋友。

大病之後我開始檢討，明明是喜歡的工作，為什麼會把自己搞成這樣？我和工作的關係，如果用戀愛比喻，就像兩人交往之初很快樂，後來卻不停吵架，直到無法繼續相處。明明很喜歡對方，為什麼會變成這樣呢？

到底是我有問題、工作有問題，還是我和工作相處的方式有問題？

或許原因很多，我能試著在工作中解決這些問題，和喜歡的工作繼續相處嗎？於是我開始了工作改革計畫，試著加強效率、減少手上的專案和責任、改變工作至上以致於沒有生活的心態，但半年後，這個調整工作的嘗試還是失敗了。發現曾經有的工作熱情已然熄滅，再也回不到那個激昂炙熱、好想對周圍人們炫耀作品的自己。

所有熱情燃燒殆盡

生病之後半年，總算完成工作生涯最值得誇耀的專案，私下喜歡偶像美少女的我，終於把日系偶像團體的社群經營術，搬上商業雜誌的特別企畫。結合流行文化與商業策略（還有美少女），**除了我之外，大概沒有第二個人能做出這樣的內容，工作不就是為了這個閃閃發亮的瞬間而存在的嗎？**

完成專題後，許多同事都恭喜我，但我卻沒有一絲開心感受。整整一個月，在公司除了必要的會議，我沒有講過一句話，沒有和同事一起吃午餐，沒有在茶水間閒聊、沒有聊天開玩笑，整個人像機器人一樣，沒有喜怒哀樂的表情在臉上。而且自己沒有發現，是後來才從同事口中得知，其他人已經覺得我不對勁。

如果在生涯最值得慶賀的時刻，都無法向人炫耀，只能說是熱情燃燒殆盡了吧？好喜歡這份工作的我，現在只剩下「離開也許是最好選項」的念頭。

冬天過去，領完年終獎金，在一個不影響日常工作節奏的時刻，我離開了曾經熱愛的編輯工作，踏上休息的路。

無暇思考未來，對上班以外的工作方式沒有任何認識，唯一的想法只有「離開」。我不想、不敢、也不能再靠近工作，即使不確定沒上班人生應該怎麼活，但只有離開才能讓身體與心靈恢復到能運作的狀態。

我好害怕上班。怕永無止境的例行工作，怕只會增加不會減少的事務與責任；怕期限一到就必須交件，但永遠沒有充足時間讓人準備的行程表；怕工作把人生所有時間占滿，失去其他可能；怕我終究成為某個職務說明書的規格要求，而不是原本想成為的模樣。

世上肯定有許多厲害的人，我害怕的一切都被他們順利征服，成功站上工作的頂端成為菁英，而我卻在工作中失敗、受傷，從此再也不敢上班。

如果有其他方法能存活下去，我想試試看。

徹底休息一年，身心恢復之後，三十四歲的我，才踏上自由工作的路。

02

不是有能力所以自由，是踏向自由才逼自己變強

——脫離安穩平淡，進入自由與焦慮的人生

自由工作七年後的二〇一九年年底，我到日本瀨戶內海邊的小鎮尾道住了兩個月，在山坡上的民宿，過了一段每天看海、寫稿、自己煮食，思考未來的日子。

民宿是五十年歷史的雙層木造建築，一九六〇年代做為學生寮使用，後來由年輕的女主人買下，重新裝修後成為share house。住進日式老屋時，民宿主人問：「你從台灣來日本待兩個月，工作沒關係嗎？」我說自己以寫作和接案維生，她又說：「哇，你是nomad worker（工作遊牧民）嗎？感覺很菁英吶。」

「完全不是啊……」正因在職場競爭上失敗，賠上身體健康，才不得不離開雇用體制，獨立流浪。

自由工作者，有時會被形容成「能力很強才可以自由工作吧？」但就個人狀況，更像反過來，**因為選擇了自由工作，才不得不逼自己慢慢變強，否則很容易活不下去**。既已走上與安全穩定無關的道路，只能想盡方法掙扎求生，試著建立能夠長久生存的模式，在放棄自由之前，督促自己不要懈怠。

菁英競爭中黯然落敗

自由工作不比上班強，上班也不比自由工作輕鬆，兩條路沒有孰優孰劣，只是通往不同目的地，因此前進的方式也不同，兩條路都要學習如何與工作相處。現在的我只能後悔當初沒有審視工作狀況，才黯然離開上班的道路。

上班族生涯因為害怕在競爭中輸給別人、想早一步往上爬，以為贏的方法只有做得更多、更快、更好，因此把過勞當成一種榮譽，賠掉健康與熱情。直到離開公司，度過什麼都提不起勁的夏天、秋天和冬天，休養身心之後，才鼓起勇氣回顧曾面臨的難題。

「**上班時，讓我消耗殆盡的原因**」包括——

╳工作量愈來愈多，不知如何減少負擔。

╳提前做完也不能提早下班，有空白時間就被新的交辦事項塞滿。

╳提高工作效率只是負責更多事，薪水不會隨之增加。

╳無聊的例行事務比例太高，占掉好多時間。

╳熱愛的專業工作，升管理職後反而沒機會做。

╳公司期望我成為的樣子，和我自己想的不一樣。

雖然有些原因出於個人，有些原因來自客觀條件，先不論成因為何，如果要解決這些難題，至少得先描述出理想情境，再嘗試抵達的方法。

我思考「**如果工作能夠變成這樣就好了**」的狀況如下——

○可以調整（減少或增加）工作量。

○事情做完就能放假。

○薪水會隨工作能力和效率而調整。

○減少無聊的例行事項。
○多做喜歡的工作。
○成為自己想成為的樣子。

如果上班時能做到上述的狀況，或許就不用踏上自由工作的道路。

迷途時，職涯前輩告訴我，他克服的方法是搶先一步：**看得比老闆遠**。總是交出老闆意料外的好成績，預先想好接下來的可能發展，在主管開口前已做好準備，事情處理完就在前頭等，為下一項工作超前部署。他快速晉升，老闆很放心讓他自由發揮，在職涯中期，他也離開公司自己創業。想像中的職場菁英就該是如此，但我卻被工作巨輪輾過而傷痕累累，挑戰失敗。

拿回工作的選擇權

當初離職後，朋友告訴我：「如果不想上班，可以試著接案，厲害的人還可以挑案子呢！」

成為自由工作者，似乎可能實現「工作能變成這樣就好了」的各種期待，比如挑選想接的工作、累的時候就減少工作量、快點做完快點收錢……但，怎樣才能成為厲害的自由工作者？剛開始大概誰也不知道，只能抱著忐忑不安的心出發。直到自由工作年資超過我的上班生涯時才了解——

自由工作會讓人慢慢變強，重點不在自己原本有多厲害，而是要能持續存活下來。

自由工作沒有職位保障，沒有固定薪水，每次合作都是一個專案。當專案結束，銀貨兩訖，合作雙方會彼此評估，如果這次拿不出好表現，下次可能就沒機會（相對的，如果這個客戶不值得信任，工作者下次也可以拒絕）。自由工作者沒有公司光環，沒人能代班，聲譽只能自己維護，當然有生存壓力，但反過來說，也是一股逼自己成長的推進力。

如果停止進步，有很高機率無法存活，但在這條路上堅持愈久，很可能變得更強大，而且有可能把工作打造成自己的理想樣貌。自由工作並不輕鬆，也未必是比上班更好的選擇。

離開公司八年後我終於體會到，企業組織是人類最有效率的協作體系，成為公司一員，加入這個協作體系，能運用的資源與產生的力量，遠高於只是獨立工作的個人。公司組織是讓每個人一加一能大於二、一加一加一能大於三……使得「群體的力量」能大於「每個個體加總」的協作體系，受僱能得到穩定的薪水，不用自己找收入來源、不用負擔經營風險，種種因素讓全職上班成為最主流的工作模式。

身為自由工作者，有時很羨慕上班族，曾在書裡看過一句印象深刻的話：「所有偉大目標，都無法獨力完成。」一個人工作雖然自由、自主，但發揮的力量有極限，如果要說是什麼讓自由工作者堅持下去，那大概是**能夠拿回工作的選擇權**。

追尋工作的意義

我想控制工作量，在想工作的時間工作，在厭煩時有辦法減少工作。如果能用四小時做完本來需要八小時的工作，就能回家放假，不想留在公司被上下班時間卡死。

人說上班不可能只挑喜歡的事情做，事實上，有一半工作內容符合期望就值得慶祝；許多人領薪水是用來忍受平常不能忍受的事，設法用百分之二十的快樂抵抗百分之八十的煩悶。但如果可能，我想讓生活中每分每秒都有意義，如果有喜歡的事情，希望它能填滿所有工作時間，而不是虛應故事偷懶，反正有拿到錢就好。

工作讓我學會好多，透過工作成為專業人士，充實自己，知道個人的努力如何成為市場販售的商品。當有人購買它、發現它有用；當客戶找我合作、認為我能產生幫助，我就得到在社會立足的安心感。

無論內在意義還是外在價值，工作都帶給我許多滿足。但還是希望這些努力是為了成就自己，而不是為了成就老闆的事業；希望以自己的名義被世界接納，而不是我工作的企業與職稱。

當然，個人意義的追尋，和公司組織的目標並不只能二分。如果我和某家公司能在某段時間一起走一段路，途中彼此都有收穫，這樣已經夠好。此後揮手告別，或許未來還會用不同形式再度並肩。即使最終歸向並不相同，也不妨礙過程中的合作；反過來說，即使過程中合作，也還是希望能持續思考人生最終該往哪裡走。

曾在工作中失敗、受了傷，反省之後，希望工作讓我誠實面對自己，能夠自由、自主、持續成長。能用「彼此合作」而不是「受雇用」的態度，平等對待每一個人。

為了這些最終想抵達的地方，願意付出的交換條件，是穩定的收入來源、更多的資源與更高的職權，雖然能完成的事情有限，但努力對得起自己的靈魂。

想在工作中獨立自主，那麼，接案也只是一個通過點，創造自己的工作，或許是下一站該前往的地方。

03

重新愛上工作，目標是「不符合勞基法」？

——調整自己和工作的關係，發現工作不等於上班

直到被別人說：「你工作的樣子很酷！」時我才驚覺，離職讓我重新愛上工作。

二〇一九年底，在尾道的第六天，陽光透明氣溫舒適的下午，拿著筆電到民宿庭院寫稿。山坡下是安靜的小鎮、無波的瀨戶內海，準備好咖啡和巧克力，一邊聽著輕音樂，一邊整理採訪稿，偶爾還能瞥見貓咪穿過菜園。

心情輕鬆所以效率絕佳，感覺正在寫出曠世巨作（事實上當然沒有），只是自我感覺良好，沉浸在稿子裡，所以當民宿主人帶新房客走過眼前我都沒發現，轉眼過了

三小時，黃昏變冷，才收齊裝備回到室內，撞見新房客。

認真工作可以很酷

他是二十多歲來自巴黎的男生Francios，看我抱著筆電踏進民宿大門，打個招呼便說：「剛剛看你在院子裡工作，很酷耶！」

我反射地皺起眉頭：「不酷啊，天氣這麼好、風景這麼漂亮，出去玩比較酷，但我卻要在這裡工作。」

於是法國少年點點頭，沒說話，出門吃晚餐了。

我話一說出口就覺得後悔，發現「出去玩比較酷」的說法很糟糕，讓人感覺我不尊重自己的工作——明明沉浸在寫出美妙作品的感動，認真到別人覺得很酷，而我為什麼拒絕承認呢？**是害怕被當成工作狂，心裡認定玩樂旅行才酷，工作比較苦。這想法不該有**。

曾因過勞而放棄工作，現在終於不用為了老闆，而是為自己的生涯奮鬥，有機會像股神巴菲特（Warren Buffett）自稱：「**每天踩著輕快舞步進辦公室，因為這份工作實在太有趣**。」離職後花了好些年調整自己和工作的關係，已經知道玩樂沒有比工作高級，工作也沒有比玩樂苦情，賺錢與休息都是人生的必須，只是要妥善分配兩者比例。想到這點，我應該重新整理工作和休息的心情。

晚餐後Francios回到民宿，我說想要修正剛才的回答，應該更尊重自己的工作，如果下次被人說寫稿的樣子很酷，一定要回答：「對，我正在做一件全世界只有我能完成的事！」

感謝素昧平生的Francios讓我發現，離開公司多年，即使害怕上班，也能重新愛上工作。

自由也需要學習

從過勞崩壞到沉浸於工作樂趣，當然不是瞬間改變，而是一點一點逐步調整。

開始自由工作的頭兩年，最大疑慮是自己能否生存，如果接不到案子怎麼辦？因為恐懼，所以對工作來者不拒。最初的案源來自上班時留下的人際網絡，同事、前輩、有往來過的出版社等等；此外，如果做過的案子表現不錯，也可能開創之後合作的機會，一件一件，慢慢拓展收入來源。

自由工作活過兩年，生存疑慮減輕許多，但新的問題又來了：**如果對工作來者不拒，那究竟「自由」在哪裡？如果沒有挑選工作的勇氣，和正職上班的差別又在哪裡？**我是為了逃離工作量增加的永無止境才離開公司，如今卻自己選擇永無止境，豈不是太諷刺？

上班沒辦法挑選老闆指派的任務，但自由工作沒有老闆，只有客戶，拒絕不適合的工作、挑選擅長且熱愛的工作，對合作雙方都好。因為若是好客戶，能因你拒絕而找到更適合的接案者，假設拒絕的同時還能推薦其他人選給客戶，留下更棒的合作關係，客戶與代替你的人都會感謝你，等於為自己增加同伴；而若是不好的客戶，也不只一個人會拒絕他們，累積夠多拒絕，壞客戶才有機會改變工作方式，慢慢變成好客戶，對產業整體是種提升。

此外，自由工作長期黏住一個客戶，把雞蛋放在同個籃子裡也非好事。與其等待客戶更換合作對象，導致自由工作者收入與生存面臨危機，還不如搶先計畫未來；而開發新路線、設定新挑戰才能持續提升專業水準，嘗試過更寬幅度的工作也有助於摸索出與眾不同的方向。提醒自己，有時捨不得放下，只是因為害怕改變。

當我開始挑選工作，才慢慢體會到自由的樂趣，但問題又來了，挑選工作的標準是什麼？哪些工作應該做，哪些要勇敢拒絕？如果沒有設定目標，就不知道自由是為了什麼。

對過勞心有餘悸的我，討厭追趕時間表、每項工作都沒有辦法好好耕耘，最後留下遺憾，所以最初目標是「有充分時間妥善完成工作」，努力拒絕緊急的救火專案（即使錢比較多）。

此外，也用過「能否和強者合作」、「每年嘗試一項過去不知道的領域」、「空出最多時間寫自己的創作」等不同目標，做為挑選工作的標準。

自由工作者應該隨著所處環境、隨著自己的成長狀況，設定自己的目標，因為每個人取捨工作的原則不同，最後長成獨特的模樣，擁有不同的專長，這是離開正職上班最有樂趣，也最有挑戰的地方。

在公司上班，隱含著自己「接受組織給予的目標」；自由工作者沒有老闆，必須為自己「設定目標同時承擔風險」，自由很快樂，失敗也是自己的責任。

即使不被《勞基法》保障也沒關係

事後敘述可以邏輯清晰又條理分明，但當下每個決定都背負失敗風險，拒絕這個案子，會不會得罪人？（所以這次失敗，下次要學會委婉又雙贏的拒絕法）；當委託案找上門，和錢過不去的必要性在哪裡？（所以必須計算每年最低生活費，金錢有所儲備，偶爾虧損也活得下來）。每個人的取捨標準不同，只能從一次次失敗中摸索出原則。

支撐我挺過質疑的取捨標準是：**希望自己的工作不符合《勞基法》保護**。

在「法律白話文運動」解釋《勞基法》的文章[1]讀到，並不是每一種職業都適用《勞基法》，例如老師、醫生都屬於不被保護的工作。

工作者所處的勞動關係必須符合三種「從屬性」才適用《勞基法》：

第一種是「人格的從屬性」，意思是，工作者要聽老闆的話，彼此有上下關係，員工難以拒絕老闆的指揮。比如上班族必須朝九晚五打卡，到指定的辦公室上班，對於老闆交待的任務，只要內容合法，也符合勞動契約的約定，就必須去做，沒有拒絕的機會。如果不聽老闆指揮就可能被懲處，例如考績變差、年終獎金變少等等。

第二種是「經濟的從屬性」，說明工作者依賴這份薪水生活，而且不是為自己的事業、也不負擔經營風險，而是為老闆的事業工作。比如員工表現得很好，客戶會覺得是這家公司很厲害，以後要找這家公司合作，而不是覺得這個人很厲害，以後要找他合作，這是勞工在經濟上從屬於公司。

第三種是「組織的從屬性」，指的是工作者難以獨立完成任務，是屬於公司經營生產過程的一員，要和公司的其他人分工合作。員工依賴一份薪水生活、必須服從老闆指揮、離開公司可能難以完成工作……因為員工和雇主經濟實力不平等，可能難以拒絕雇主的不合理要求，才設立《勞基法》保障勞工權益。

發生勞資糾紛時，會根據工作環境三種從屬性的強烈程度，做為判定基準。若把法律「保護弱勢」的觀點反過來思考，想在工作裡找自由，大概得設法擺脫以上三種「從屬性」而成為不需保護的工作者。

為了快樂又能持續的工作模式

理想的工作模式，沒有誰必須聽誰的指揮，而是用合作取代命令、透過專業解決問題，無論哪一方遇到不合理的要求，都有籌碼說不（沒有人格從屬性）。此外，工

1 註：啟發我的文章是〈什麼？原來不是所有工作都適用勞基法？〉網址如下：https://okapi.books.com.tw/article/11676)

作者不依賴單一來源的薪水生活，可以擁有多個收入來源，不是為雇主的事業打拚，能夠為自己工作（沒有經濟從屬性）。也希望工作成果能被視為個人聲譽，別人會因此找我合作，而不是所屬的公司或單位，讓工作者有機會獨立完成作業，不一定非得加入公司體制才能完成任務（沒有組織從屬性）。

如果可以選擇，我希望成為如此強悍的工作者，在工作的荒野裡獨立生存。為了達成這個目標需要培養能力、累積籌碼、練習在各種條件下存活，找出快樂又能持續的工作模式，雖然堅持不上班，但不代表沒有努力工作。

04

摸索理想的工作樣貌，當自己人生的老闆

——做喜歡的事，並且賺錢活下來

人生裡，工作似乎是很重要的事情，但直到我開始工作很久，都沒有好好想過「工作」到底是什麼東西。

孩提時被教導，爸媽出外工作賺錢，回家才能養活小孩，懵懵懂懂地感覺到工作是辛苦、但必要的事。開始上學後，無論成績怎樣，總會被提醒畢業後要找個好工作，等到出社會開始和大家一起上班，賺到第一筆薪水，一切是那麼順理成章、理所當然。不需要任何懷疑也能順利踏上就業的道路，這大概就是社會主流的價值所在。

直到自己離開工作、決定不上班以後，才認真思考所謂工作，到底是什麼？現在的我認為——

工作不應該只是填補哪裡的哪一個職缺，工作可以是我們面對世界的方式，賺取收入是工作的一部分，可能是重要的一部分，但不應該是唯一的部分。

工作不只是上班，工作也不只是能賺錢。工作是察覺自己生活的社會如何構成，了解什麼是市場，其中有哪些產業，彼此分工的狀況大致如何之後，慢慢摸索在這些協作體制中，有哪些需求因此產生，自己的能力能在其中產生哪些貢獻，這些努力如果能讓社會變得更好，有人願意付錢換取，便成為一個工作。

因此，**工作的同時，我們也得到自己存在於社會的意義，思考工作，也是思考人生的意義**。當我三十五歲時，生活被工作搞得一塌糊塗，在離職的困擾與接案生存的各種碰撞過程中，慢慢摸索自己與工作的樣貌。

開始工作之前，不，是工作很長一段時間之後，我都沒思考過工作的意義，因為只要在公司裡找到一個職位，有了薪水，就可以存活在社會裡。這個設定直截了當又單純，以致於不去思考意義也沒關係，只要歸屬於某個公司（愈知名愈好），有了職位和薪水（愈高愈多愈好），就能被大家理解與認同，不思考意義，說不定職涯更順利。

直到無法繼續上班，剖析自己和工作的關係，才得到結論：**工作不只有賺錢，也是我面對世界的方式；工作不需要等別人給，而能夠自己創造**。

理想說得好聽，但實際上怎麼實踐呢？脫離正職上班體系之後，選擇自由工作或創業**都將面臨兩個問題：「不上班有比較好嗎？」以及「老了之後怎麼辦？」**採取正職上班以外的另類方案，機會成本就是放棄主流的習慣與便利。

連結自己的專業與市場的需求

不上班不一定比較好，但有機會讓自己變強。早在正職上班時期，我心裡始終盤旋著「如果哪天公司倒了怎麼辦？」的焦慮感，最初認為必須增進能力，就算公司倒閉也能隨時找到新工作，才能安心。

但因為身在被稱為夕陽產業的出版業中，很快了解這一行可能沒有美好前景，若功利一點，當然可以設法轉到閃亮亮的朝陽（或正午？）產業，但編輯與文字工作已經做出樂趣與熱情；於是更進一步想，如果能跳過「公司」這一層，直接連接自己與市場之間，能不能創造出屬於個人的工作呢？不確定能否設法達成這個（有點模模糊糊的）目標，我，跨出了自由工作的第一步。

開始自由工作時，說不擔心是騙人的，但更害怕繼續上班還是會被無法選擇的大量工作淹沒。好想做自己喜歡的事，也想在工作中得到更多自由，然而，接案可以維持生存，但接案還是不夠自由，即使有機會挑選工作，但畢竟還是完成他人委託的內容，如果哪天失去案件來源，依然會面臨生存危機。

下個目標是能自己創造工作、創造收入來源，把生存的關鍵掌握在手上，才能完全解除生存焦慮。或許，應該這麼說：**願意辭職、承受短期失去穩定薪水的風險，是**

為了爭取未來自己創造收入的機會，用短期的不穩定換取長期的穩定。一般人常說自由工作收入不穩定、風險大，但許多自由工作者其實非常害怕風險（例如被迫失業、產業被新科技取代等等），因此，擺脫職位才是相對安全的選擇。

自由工作是創造工作的前一步

在我的個人經驗裡，上班時做為雜誌編輯，完成公司交辦任務，有些快樂、有些麻煩，但很難有選擇工作的權力。接案時做為獨立編輯，完成來自不同委託單位的各式內容需求，有些很喜歡，有些比較無趣，雖然有機會挑選哪些任務想接，但如果案子不夠，還是無法存活。

創造工作，最簡單的想法是，如果寫出一本書，出版到市場上，有人願意付錢買，就等於為自己創造出一份收入；或是基於自己的某項專長，提出一種服務，只要有客戶願意買單，讓我有收入，就是為自己創作出一份小小的工作。當然，風險來自市場上沒人願意為我的專業付錢，所以在創造工作之前，必須培養能力與嘗試錯誤。

成為自由工作者可以是創造工作的前一步，因為自由工作需要學習的技能，和創業相差無幾：要自己完成產製流程，要能為商品和服務定價，要有和客戶議價的能力，要自己行銷、自己管理人事（創業者管理員工，自由工作者得管理客戶）、甚至自己處理客服、自己報稅……是最小規模的創業練習。

上班七年後，我開始自由工作；自由工作七年後，決定踏向創造工作的新階段，或許需要用再一個七年來嘗試，也無法預期結果是否成功，但唯一能做的是在這條路上加強專業，學習各種生存技能。

投入喜歡的事情，設法存活

從上班到接案再到創造工作，自主性愈來愈高，但是收入狀況可能愈來愈不穩定，未來的期望也很難說。雖然各有風險，但在離開正職上班體系之前，我對工作的想像總是被「找一個職位」所限制，從沒想過還有別的工作型態，有不同的生存方法，直到開始接案、慢慢試著創造工作的過程，才發現我們對工作應該擁有更寬廣的想像空間。

就像瘟疫之年讓Podcaster這個工作廣為人知，十年前誰都無法想像YouTuber這個職業，十五年前甚至沒有社群小編，**未來還有許多工作沒被設想出來，能有這些想像力的，不一定是大公司，可以是每個工作者**。

理想的工作樣貌應該人人不同，對我來說，**工作是能夠持續做喜歡的事，並且能盡量排除不想做的事，先設法達成能生存的收入，再想辦法擴大收入；如果後者做不到，那麼，持續做喜歡的事情到老，也不覺得後悔**。工作需要賺錢，但賺錢並非工作的全部，能夠全心投入自己喜歡的事物，已經是一種幸福。

思考至此，接下來還要面對「老了之後怎麼辦？」的問題，畢竟受雇成為員工就進入社會安全網，老了可以退休，有退休金制度的保障，放棄這張安全牌，老後生活會不會很恐怖？

因為喜歡，工作到老也不厭煩

退休制度有它的問題，可以想見未來勞工退休年限肯定延後，而人口減少造成勞工的退休金必須現在多繳、未來少領，過去的勞工可以六十歲退休，未來要到六十五、甚至七十歲才能退休，而且不確定退休金是否能保障生活。就算進入受雇體系，過去夢想的退休生活也存在風險，老了怎麼辦的問題，還是掌握在自己手上，不依靠別人比較保險。

就算不考慮社會制度的現實面，光從工作的意義本身來思考，我還是有強烈的動機離開正職上班體系。

相信大家都有聽過類似這種對工作的抱怨：「這個我已經做了幾十年，不想再做了！」彷彿工作是一件不得不做、令人厭煩的事，要不是為了生活，一點都不想做，最好能快點擺脫工作，過著什麼都不用做就有錢領的日子最好。

不想把工作當成「希望從生命中排除的東西」，畢竟工作是生活的重要部分，喜歡把工作理解為「好喜歡、好想動手做，而且還能賺到錢」的事情。

在漫長人生中，有人決定先賺錢，生活穩定之後再談理想與興趣；但我希望把步驟反過來，先嘗試把有趣的事做成一份工作，再透過它賺到足以維持生活的錢。

就業與退休，是工業革命時代以後的產物，在過去長久的歷史中，人類工作到老、到死都是很自然的，佛家也有「一日不做，一日不食」的概念，認為不工作就吃東西沒有道理。我們很少聽聞農人或藝術家宣告自己退休不幹了，因為工作是日常、是正常、是自然、是每天生活的一部分，如果被迫每天從事自己想擺脫的工作，人生大概不會幸福吧。

亞里斯多德說，幸福不是一種狀態，而是活動。能夠全心投入自己熱愛的事物，就是一種幸福。

滾雪球般持續累積成果

不想浪費有限的人生去做自己厭煩的事情來賺錢，等到賺夠了再去想興趣，畢竟賺多少才夠是一個問題，到時還有沒有力氣去投入興趣又是另一個問題。如果現在就開始做自己喜歡的事情，關卡只在於設法存活下去。

做自己有興趣的事情，更容易出眾，更容易達到頂尖。把自己八十分的專長增加到一百分並不困難，但要把自己四十分的缺點彌補到六十分辛苦得多。如果能把一件事情做到頂尖，用這項專長賺錢生存下去的機會就會提升，是第一個實際考量。

第二個實際考量是，**最好投入的專長能夠愈做愈厲害，不會愈做愈差以致於被淘汰**。我喜歡寫作，理論上，寫作能力應該是愈寫愈好，不會愈寫愈壞。就算現在很平庸，只要喜歡寫、持續寫，十年、二十年後愈來愈強的可能性提高，生存能力應該也會愈來愈好，重點在於能夠持續進步多久。當然也會擔心文字閱讀、書籍出版未來會不會被淘汰？但如果能試著把寫作能力轉為「生產有趣內容的專業能力」，就有可能在其他領域繼續累積。

如果做喜歡的事情，變成像滾雪球一般，能持續累積成果，愈做愈強，就愈有機會存活，擁有對未來的期望，設法讓這個過程更快樂一點，還能產生收入的話，就不用擔心老後了吧。

更何況，因為工作，帶我接觸接觸不同領域、認識新朋友，又從這些去處帶回來各種有趣的工作機會，讓我能嘗試下一個新鮮的挑戰。光是工作過程本身就如此精采，如果還能產生收入，何樂而不為呢？

WORK·BREAK·WORK·BREAK·WOR

B

健康持續的工作環境

01

學過各種努力的方法，卻沒學會如何休息

——跨越失敗很棒，但有時候，放棄也沒關係

四十歲那年夏天，我因為太勞累而昏厥，一瞬間失去意識，顏面朝下摔倒。醒來時臉已經趴在地上，鼻樑上眼鏡斷成兩截，分別飛往不同方向，一抬頭，鼻腔裡的血都滴到地上，發現自己斷一顆門牙，嘴唇裂開不停流血，幸好還能起身去醫院，最後嘴唇縫了二十針，做完各種檢查。回家後，整整一個禮拜躺在床上，只能吃流質食物慢慢復原。

一個月後，大致確定牙神經沒死，補好門牙，開始留鬍子遮住嘴唇傷疤。換了造型，面對工作與休息的心情也和過去不一樣了。

第一個想法是，明明因為過勞而離職，為什麼自由工作以後，還會把自己累成這樣？第二個想法是，察覺體力果然會隨年齡而衰退，如果不做點什麼保持健康可不行。

工作中多少都有失敗經驗，卻沒想到自己連「好好休息」都會失敗，覺得有點丟臉、有點荒謬，但也因此開始檢討作息是哪裡出了問題？

昏倒摔斷門牙後，重新看待休息這件事

昏倒前幾個月，我正同時進行兩大專案：參與書店的策展活動，研究出版與書店產業四十年來的演變，撰寫內容；也參與雜誌二十周年專刊的編輯團隊，在外部撰稿人和公司內部之間溝通與控制專案進度。

眼看兩個大專案即將在六月底結束，全年度收入即將達標，半年就能完成一年收入的機會可不多，還在興奮之後終於能好好休息一段時間，卻又有新工作找上門，是採訪資深出版人的工作心法。我對受訪者好奇已久，即使身體已經很疲倦，也捨不得放過這次機會……於是在兩大專案與重量級採訪陸續完成的一個禮拜後，早上在

自家頂樓澆花時就昏倒了。

自由工作，案子不會在有空時才進來，為了收入、也為了爭取機會做有成就感的工作，總想著「再撐一下、再努力一下就能休息。」二十多歲或許還能超過體力負荷工作一陣子，休息很快就能回復，但到了四十歲，超過體能負擔極限，身體就擅自斷電般地停止運作，強迫它的主人必須好好休息。

以前都把休息當成「工作累了之後，再勉強應付一下」的東西，現在開始反過來思考，是否能先確保休息足夠，剩下時間再安排工作？

感到疲累時盡量不要逞強，認真把休息排入行程表。每天記錄自己做過的事，每半年回顧一次，找出「一個月之中，工作幾天、休息幾天」的組合是身體比較舒服、工作效率也較高的狀態，利用每次專案一點一點調整。

經過紀錄工作狀態後發現，面對密度、強度都很高的工作，我通常集中精神兩天

2019					平均	[illegible]			
年度回顧	創作	63		Zine19、悅知9、時報8、櫞椛7	5.3	[illegible]			
	工作	89.5		BN33.5、書系23.5、華山9、BN	7.5	[illegible]		年度生涯投資多，顯示正在轉換方向	
	生涯	60.5		[illegible]10、[illegible]6、[illegible]3、[illegible]3、	5.0	[illegible]	創作和生涯約90天	休假150天	
	休假	152		昏倒10、瀨戶內17、尾道23	12.7	瀨戶內：7天準備+10天旅遊	尾道：32天工作+16天旅遊+7天認識人		
		365				大概花了80天認識尾道、岡山、倉敷			
	旅遊			礁溪、瀨戶內、尾道		Zine認識的朋友：[illegible]			
				旅行3次		工作書認識的朋友：[illegible]			
				大溪、石門水庫、中庄池		制服書認識的朋友：[illegible]			
				發現往台三線的新道路		[illegible]			

圖 1：2019 年的年度回顧整理（簡單版）。

就得休息一天；較輕鬆、例行性的工作，可以隔三、四天再休息一天。不過，如果太久沒有休長假也會很累，所以必須每年固定安排旅行才行。當然以上只是個人經驗，每個人需要的休息時間不同，有人習慣集中時間休長假，也有人習慣分散時間休息，大概不會有一視同仁的固定休息法，但能從工作紀錄找出適合自己的休息方式。

以前為了專案期限，常覺得「趕一下沒關係」，現在則盡量不超支體力，設法讓工作配合生活節奏，而不是用工作期限來改變生活，不是追逐工作效率來得到空間休息，而是從源頭控管工作的數量與品質。

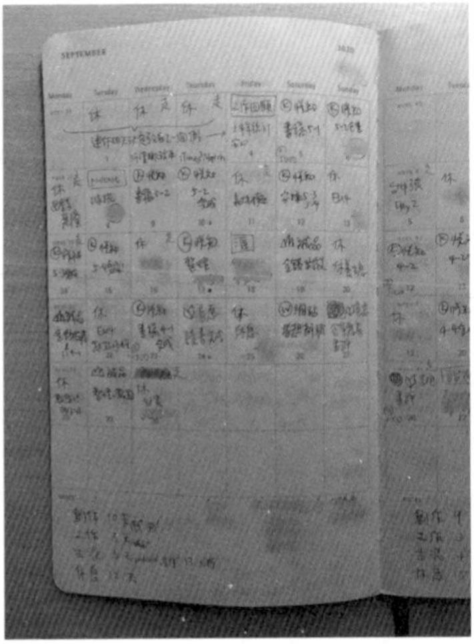

圖2：2020年9月低潮，規畫休息放長假。

《我要準時下班》：深愛的人勞累倒下的啟示

從小就被教導「努力」有多麼重要，成語有勤能補拙、天道酬勤、業精於勤而荒於嬉、早起的鳥兒有蟲吃……是連小朋友都懂的道理。商場成功故事往往也是工作狂模型，普通人每天工作八小時，但他努力拚搏十六小時，付出兩倍的努力與更多倍的熱情，做別人不願做的事，所以他成功，而你還沒。

不是說努力不重要，只是，我們好像學過各種努力的方法，卻沒學過如何休息。

努力是成功的基本，當然可以學；然而，把休息當成天生就會的事情，所以不用學，似乎也不太對。

很喜歡日劇《我要準時下班》（わたし、定時で帰ります），女主角從小看著爸爸加班到深夜，最後賠上健康，覺得很不值；男朋友又因為工作能力強，不斷被上司使喚而差點過勞死。女主角因為無法忍受深愛的人被工作摧殘，提出分手，也從此決定自己每天都要準時下班，絕不加班，即使成為職場異類也不管。

從小深受勤勞努力的教誨，我能了解全心投入工作的殘酷快感，**一方面渴望被需要，一方面不懂拒絕，攬下所有工作還能順利完成，覺得這樣的自己好厲害、好有成就感，直到倒下前，都想不透怎麼會這樣**。

《我要準時下班》讓我了解，如果從身邊愛著自己的人的角度出發，看著深愛的人因勞累而倒下，是多讓人擔心、多令人感到不值的一件事。試著用身邊的人的觀點來看自己，收到「夠了吧？該休息了」的提醒時，常常比自認為「還可以再撐一下」的逞強更準確。

《麥蒂為何而跑》：表現愈優秀，愈不敢停

「健康是最重要的財產」這個道理大家都懂，但要把休息的優先順序排到努力之前，做起來還是很不習慣（至少個人如此），也許和追求成功的習慣有關吧。我們都聽過很多「不放手直到夢想到手」、因為堅持到最後所以成功的故事，但要堅持到什麼程度才能放棄，中途離開跑道去休息才不致丟臉？關卡只在自己心裡。

《麥蒂為何而跑》這本書給我許多啟發，它記錄了美國一位頂尖大學運動員麥蒂森·霍蘭（Madison Holleran）的自殺始末。麥蒂是個學業優異、體育萬能、人緣極佳的女孩，小學開始踢足球的她，進入高中校隊後曾與隊友創下四十八連勝紀錄，還沒畢業時就得到十多個大學球隊的招募。而原本只是用來鍛鍊基礎體力的跑步，也在高三時成績突飛猛進，一舉打破紐澤西州八百公尺徑賽紀錄。高中最後一年，常春藤盟校的賓州大學田徑隊也來邀請麥蒂入學，常春藤盟校是她夢寐以求的機會，然而入學後，她卻感覺不到快樂。

高中以前，麥蒂一直能在運動、學業、朋友之間保持平衡，她用運動紓解念書的

壓力，和朋友出遊放鬆之後，又能有念書的動力，這是個正向循環。但上大學之後，循環一段一段崩解，運動不但不能紓解壓力，還反而帶來壓力，她難以對朋友訴苦，因為她已經過著大家夢想中的生活，朋友不太能了解這有什麼苦（就連麥蒂也不懂自己為何無法感到快樂），這些干擾因素，讓她要維持學業成績比以前更困難，雖然她無論跑步還是學業都維持著近乎完美的成績，但已撐得無比辛苦。

當麥蒂生活各方面都出了問題，她首先提出的解決方式是：認為自己時間管理不夠好，所以更嚴格規畫練習運動、讀書、和朋友出遊的時間，或許她以為只要投入更多就能解決這一切。直到她開始害怕下一次練習。

回想自己，也曾經因為把時間都投入工作，導致健康、心理漸漸崩壞。在失去工作熱情時，第一個嘗試也是時間管理，我嘗試用更高效率把工作完成，才有時間休息和玩樂，直到有一天我發現一切已燃燒殆盡，曾經愛上的工作現在只讓我厭煩。

為什麼不懂得「減少，而非增加」的解決法呢？

運動員最講求毅力與克服心魔，頂尖運動員面對的壓力尤其巨大，「我們聽過很多靠著堅定的毅力，最後終於成功的例子，放棄，通常是錯誤的選項。幾乎每一位教練都曾與不想再比賽的大學運動員面對面。一般來說，退隊的確是這些年輕人需要的；但更常有的是，如果他們能撐過這艱苦的第一關，之後會變得更強，然後曾經想放棄的想法就會被拋到九霄雲外。學生最後甚至會感激教練的慧眼，引領他們堅定地達成目標。」《麥蒂為何而跑》說道。

然而，「**教練是如何知道哪個運動員該放棄？哪個該努力讓他留下來呢？其實他們不知道，也無法確定，無從保證，只能盡力而為。**在過渡期給予支持，幫助他們適應新環境。」

沒人能確定堅持到什麼程度，放棄才正確；或許，從來沒有任何放棄的決定是「正確的」，但即使如此，我們還是可以中途離開，給自己休息恢復的時間，甚至選擇放棄拼搏也沒有關係。

曾在工作中燃燒殆盡而辭職，慢慢努力試著重新喜歡工作，八年後的今天，我十分慶幸當年離開的自己，雖然一度放棄，但至少保留可以創造的未來，現在過得還不錯。跨越失敗很棒，但有時候，放棄也沒有關係，放棄之後，還有世界在等你。

獻給所有失敗者。也獻給我自己。

02

低潮時什麼都不做，等身體和心情恢復自然

——不必時時刻刻衝刺，給自己一段空白也不錯

面對低潮，大家都是怎麼度過的呢？

就算我確實把休息排進行程表，想找出適合自己的生活節奏，卻在自由工作的第八年，幾次遇上工作低潮。大約一個禮拜到十天便會感覺身體疲倦、心情提不起勁，頭痛、肩頸痠痛、什麼都不想動，不想工作，也失去休閒娛樂的興趣，不想見朋友，不想讓人知道，也不想多解釋什麼……

日劇《長假》有句經典對白：「人生不必時時刻刻都在衝刺，低潮時，就當上天給

自己放一個長長的假期。不要焦躁、不用無謂的努力，等待身體和心情恢復自然。這樣就好。」

雖然有點陳腔濫調，但每次落入低潮時，《長假》的提醒對我依然受用。

努力多久才可以喊累？

自從離職開始自由工作，我謹慎取捨工作量，終於找回工作樂趣，一向很悠哉完成任務，對各種委託從容不迫。沒想到二〇二〇年卻栽在創作過程中，預計半年寫完的書稿，中途把整體架構砍掉重練了兩次，前前後後拖了八個月，只完成四分之一，除了給出版社帶來困擾，不斷延後的交稿時間無法接案，也影響收入來源，又增添焦慮感。

寫下這篇文章時，已經度過工作低潮，也才有辦法回溯心情低氣壓的生成原因。結論先說：**當時的我，給自己一段空白時間，盡可能停下所有工作，什麼都不做、什麼都不想，睡很多覺，慢慢散步**（但也沒有走太遠）。花了四、五天才感覺體力漸漸回復，肩頸手腕發炎疼痛的部位舒緩很多，心情蠢蠢欲動、總算開始想做點什麼。

等到真的可以放鬆，決定好好回顧低潮的經驗，找出它的成因和度過的方法。呃，連休息都想找出一套方法論，聽起來很工作狂，但對不擅長休息與放鬆的我，好像只能這麼面對了。以前心情低落時，通常是「過了就過了」、「過了就算了」，不多想什麼，但這些年歸納出幾次度過低潮的紀錄，似乎學到適當休息的方法，不怕害羞的分享出來。

低潮來臨前，身體與心情發出警訊

事後歸納，工作低潮來臨時有幾個警訊：睡到很晚還是感覺很累、睡不飽；頭痛頭暈、腦子一片混沌，肩頸痠痛；就算待辦事項很多，或即使待辦事項只剩下一點，卻怎樣都提不起勁，最重要的是會懷疑自己「正在做什麼，做這些有意義嗎？」

筆記本裡記錄了二〇一九年底在日本尾道旅居的兩個月，因為從台灣拖延了一些工作帶去，最初一個星期每天都在追趕進度，有天終於煩悶到覺得來日本幹嘛呢？還不如待在台灣也一樣工作（怒）。隔著視訊畫面對老婆撒嬌抱怨，她提醒我要把休息排進行程表，好好放鬆一天，想起自己在民宿裡認識新朋友、自己煮飯、還有好喝的鮮奶、看著瀨戶內海海景，還是和日常不太一樣的，心情才釋懷許多。

同樣在工作紀錄裡，二〇二〇年的三月初、五月初、九月初都面臨差不多的狀況，疲累、頭痛、肩頸發炎，煩躁、失去幹勁……終於了解壓力是如何影響身體和心情，這些現象都是提醒自己該休息的訊號。低潮並不會突然來襲，事前會有警鈴，雖然每個人情況不同，但找出類似的疲倦訊號，可能是面對低潮的第一步。

度過低潮之一：放空暫離日常

如果已經進入低潮，第一步是盡可能放空，**一切以休息為主，不勉強多做什麼，甚至應該努力什麼都不做**。

幾次進入低潮，發現除了不想工作，甚至也不想娛樂。因為大腦已過度負荷，不想看書、也沒力氣看電影理解劇情，需要動腦的遊戲更是懶得打開。不想被認識的人遇見，所以關閉社群軟體，無論現實還是網路上都不說話。低潮時會斷斷續續做些無謂的事，以致於非常無聊（過程中真的會覺得不知道自己在幹嘛，但這種無聊似乎是必要的），有時會想到近郊走走，但也不想離開太遠。

這個階段唯一想做的是和老婆說話，有能談心的朋友果然重要。告訴自己好好把時間拿來「空白」，留白、放空，就算整天眼神死也沒關係。暫時離開日常生活，因為現在的目標是休息，好好休息。

度過低潮之二：整理房間換環境

進入低潮幾天之後，彷彿無聊已經到底，就會開始想主動做點什麼，但絕對不是工作，這階段用來打掃環境還不錯。

整理房間、更換書桌的位置、重新擺放文具和電腦的方位、把書櫃裡的書重新排列等等，有時會找到好幾年沒翻開又捨不得丟的書來看，或是翻出一些舊照片、在抽屜找到忘記自己買過的紀念品，可以暫時離開現在這個時空。

實體物品整理完，也想整理電腦裡的虛擬空間，把電腦桌布換新，更換社群軟體的帳號照片，整理音樂資料庫；清除手機儲存空間，把下載卻沒用的App刪除。動手整理，讓環境煥然一新，感覺不錯，似乎有個新世界在迎接自己。

常在電影中看到，主角壓力大時會開始刷馬桶、洗廁所，雖然心情糟得一塌糊塗，至少還能擁有閃亮的浴室。**整理房間大概像整理人生，低潮時換個環境是好選擇。不是逼自己整理房間來度過低潮，而是先完成空白與等待的階段，等到心情開始蠢蠢欲動，自然會想整理環境換個心情。**

度過低潮之三：整理工作紀錄

雖然需要休息來度過低潮，但也會想，這樣什麼都不做、讓時間緩緩流逝的日子，真的沒問題嗎？如果有所懷疑，就整理工作紀錄吧！查明這段時間到底做了什麼，是努力過生活，還是偷懶過了頭。

上一個階段是整理環境，這個階段可能是整理心情。度過低潮最後階段的法寶，是

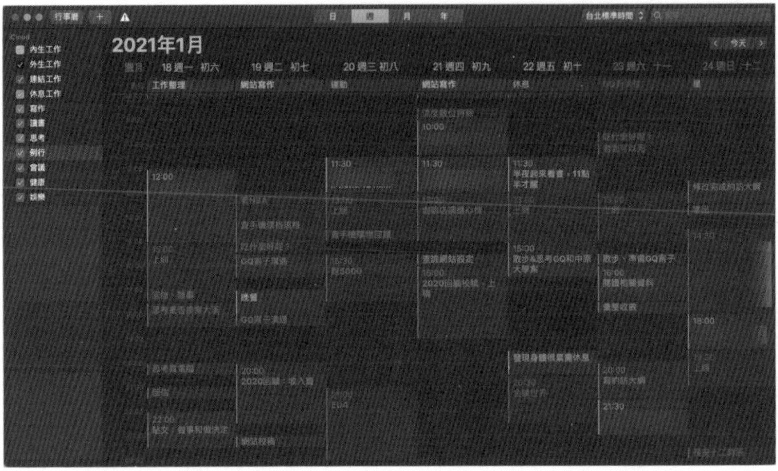

圖3：日常用行事曆記錄工作。

回顧行事曆和工作記錄。

我有每天記錄工作的習慣，方法很簡單：晚上就寢之前，把今天總結為「做○○的一天」登記在行事曆上。比如：4月1日「寫A專欄」，4月2日「寫A專欄」，4月3日「休假」，4月4日「寫書稿」，4月5日「寫書稿」，4月6日「休假」，4月7日「B專案開會」……以此類推。

雖然有些工作不需要花到一整天，但還是以一天為單位，計算更單純。每天只需要一行字，事後回顧，就能清楚每個月有多少時間在工作、多少時

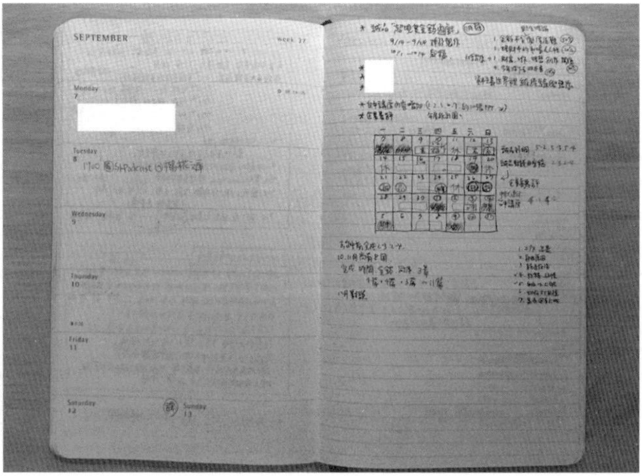

圖4：規畫工作的筆記本。電腦行事曆用來記錄過去；手寫筆記本用來規畫未來。

間在休息，這段時間的生活節奏是快還是慢。

此外，也能確認某個專案需要用幾天做完，換來的收入是否划算（例如A專欄兩天完成，換算等於每天賺多少錢；B專案花了幾天開會、幾天工作）；數字可以做為日後報價的參考，或從專案費用反推自己必須在幾天內做完（例如一個案子有三萬元收入，就必須在幾個工作天內完成）。

撰寫本書過程中，九月初面臨身心低潮，所以我回顧了前八個月的自己。總計兩百四十四天，有一百零六天用在創作書寫，寫了約十六萬字；有二十一天用在接案工作，寫了約兩萬五千字；有二十三天用在認識新朋友、演講和各種活動；還有九十四天用來休息。

攤開工作紀錄，才發現每個月平均要寫超過兩萬字，是往年兩倍左右。工作強度和密度上升這麼多，難怪會想頹廢一陣子。雖然累積八個月，出書的成果還是沒發生，但至少有一段踏實的過程。已經很努力的自己，值得好好休個假。

統計下來，每個月工作十八到十九天，休息十一到十二天。節奏不算太快，但這一年還沒有好好休連假，都是寫稿和接案頻繁切換，中間休息一兩天而已，難怪身心狀況不理想，也就更發現休長假要納入未來的休息計畫。

結論：學習「從生活反推工作」的作息

松浦彌太郎在《只要我能跑，沒什麼不能解決的》書裡這麼描述自由工作：「自由其實很辛苦……必須仔細思考時間的使用方法，整頓生活方式，不斷改善進步。無論是經濟層面還是工作時間，都要徹底管理，按紀律行事，否則往往會變成『隨便都可以』，導致無法兼顧工作品質。」

因為沒有被公司規定的上下班打卡時間，以前的我總認為自由工作應該提升工作效率、更嚴格自律，現在才學會「妥善的休息」也一樣重要。

以前總把工作當成一次又一次的短跑，全力衝刺之後短暫休息，再接著全力衝刺。直到過勞昏倒、經歷了身心低潮，才學著把工作當成一段長跑，不要過度負荷，最好可以找出舒服的、適合自己的生活節奏。

每個階段調整工作和休息的比例，努力讓工作配合生活習慣，而不是以工作為主來調整生活作息。

學著把工作視為長跑的過程，村上春樹《關於跑步，我說的其實是……》和松浦彌太郎《只要我能跑，沒什麼不能解決的》這兩本書帶給我很多啟發，下篇文章將繼續分享。

03

關於跑步，何時該停？村上春樹和松浦彌太郎的不同是……

——「直到最後都沒有用走的」vs.「狀況不好就自然停下」

關於休息，來談談跑步這件事。

四十歲那年過勞昏倒後，第一個給自己的提醒是要認真把休息排入行程表；第二個提醒則是必須做點什麼來培養體力，以維持健康。培養運動習慣的方法很多，最後我選擇了跑步，因為它是最簡單的運動，只需要一個人，不需要道具和球友，而且隨時隨地都可以做——原本我是這麼想的，但事情往往沒有這麼簡單。

加班熬夜的身體，失去跑步的肌肉記憶

第一次想培養跑步習慣，是三十三歲離開公司休養生息時。熱情燃燒殆盡、身體狀況也七零八落，無法繼續待在公司的我，回想三十歲以前，還會固定和老同學相約周末打球，但隨著大家逐漸變老，被公司託付的責任慢慢變高，結婚有了孩子，運動的優先順位愈來愈往後，也愈來愈懶惰。久久見一次的同學漸漸變胖，大家都順利成為以前討厭的大人樣。

在職場競爭中脫隊的我，不想見朋友，時間卻特別多，選擇能一個人做的運動還不錯。除此之外，開始跑步後，也了解自己的身體究竟破爛到什麼程度。

比想像中更恐怖的是，習慣熬夜加班再報復性昏睡，靠零食炸物支撐心靈的自己，連怎麼跑步都忘記了。就像第一次學著操作傀儡人偶一樣，跑動時明顯感覺到身體遲鈍、雙腿不受控，腦子裡是雙腿奔馳的畫面，但身體卻無法按照想像去動作。以前一直以為跑步是人類本能，學過就不會忘記，現在發現雙腿早已失去跑步的肌肉記憶，若突然全力衝刺，恐怕五十公尺內就會因無法保持平衡而摔倒。

繞著公園跑步的我，腳掌著地的方法一定不對，雙腿用力的方法也一定有問題，因為每踩出一步，震動都直接傳到脊椎上，和印象裡的跑步完全不一樣。不到一公里，腹部就開始痛，呼吸完全亂掉，勉強撐了三公里體力耗盡，回家立刻昏睡過去，一整天再也沒辦法做其他事情。

第一次體會到身體已經崩壞到這個地步，連跑步都變成這麼困難的事情，真的令我非常震驚。

工作優先，運動習慣懶得持續

於是我開始把跑步排進時間表，每星期固定找一天只用來跑步（因為即使慢跑半小時也會整天無力，不空出全天實在不行）。一面想著要趕快把身體練好，一面請教超馬跑者的朋友，到底怎樣才是正確的跑姿，腳掌如何著地、腳步如何配合呼吸、腿應該哪裡出力、上半身重心要放在前面還是後面……從零開始學習。

前後花了半年練習，終於從七分半鐘才能氣喘吁吁地跑完一公里，每次只有力氣跑三公里，成長到能用六分鐘跑一公里的速度，輕鬆跑完十公里，回家還有力氣寫稿的程度。雙腿的確找回跑步的能力，能感受腳掌每次著地又彈起，腹部和背後也能支撐呼吸。每次出去跑步一小時回來依然神清氣爽，體力明顯恢復了。然而，跑步的習慣卻沒有持續……

過了休養生息的一年，我開始接案當自由工作者，又回到「以工作截止日期」為主的生活模式，休息與跑步的優先順序不斷向後挪。從「哎呀，工作做不完，這禮拜跑步取消好了」，變成有空才跑、想到才跑，太熱不跑、太冷不跑、下雨也不跑，運動次數慢慢減少，從一星期一次，一個月一次，到後來幾個月都沒跑，也很正常。於是四十歲的我，在屋頂澆花時昏倒了。

決定重拾跑步的我，這次多了村上春樹《關於跑步，我說的其實是……》以及松浦彌太郎《只要我能跑，沒什麼不能解決的》兩本書做為同伴。我想知道他們在跑步時體會到什麼、關於工作與休息的想法又是什麼？因此，開始反省自己無法持續跑步的原因。

休息多久算正當，超過多久算休息太久？

村上春樹在三十三歲決定認真寫小說時，便開始跑步。他關閉了原本和妻子一起經營的深夜爵士酒吧，戒了每天要抽六十根（！）的香菸，把習慣熬夜、需要面對客人的「開放式」生活，轉為在太陽出來時起床、天黑後睡覺、只見想見的人、以創作為主軸的「封閉式」生活。從那時起，他維持跑步的習慣，幾乎每天早上慢跑十公里，即使住在夏威夷、美國賓州、希臘時也不例外。

許多人認為創作需要靈感、創作者應該過著違反善良風俗般的放縱人生，才能有豐富的生活體驗，寫出不同於一般人經歷的內容。影視作品裡面「藝術家＝不健康、頹廢」幾乎是角色公式，村上春樹也曾經被記者問：「像你這樣每天過著健康的生活，不久之後會不會寫不出小說來？」

村上春樹的回答是：藝術必須處理根植於人性深處的毒素，小說創作就像把那種毒素挖出表面的過程，「**但要處理不健康的東西，人必須盡量健康才行。**」這是他的基本方針。

他在《關於跑步，我說的其實是……》引用了一句馬拉松選手的箴言：「**痛是難免的，苦是甘願的**。」（Pain is inevitable. Suffering is optional）意思是，跑步時無法避免會有覺得「好難過」的時候，然而是否「不行了」，則是自行衡量判斷，你可以**選擇要不要承受**，這是馬拉松最重要的部分。

村上春樹從每天早上慢跑體會到的是：「可以把自己嚴格地逼到什麼程度，到哪裡才好？休息多久算正當，超過多久算休息太久？外面的風景必須意識到什麼程度，對自己內部要集中到什麼程度？要相信自己多少？要懷疑自己多少？」在書的結尾寫到，他希望自己的墓誌銘是：「**村上春樹——作家（也是跑者）——至少到最後都沒有用走的**。」

這句話太有衝擊力，也讓我覺得一旦開始跑就不能停下，直到完成目標之前，要嚴格逼迫自己前進才行。但後來，我又讀到松浦彌太郎的另一種觀點。

村上春樹《關於跑步，我說的其實是……》出版於二〇〇八年，十年後的二〇一八年，松浦彌太郎寫了《只要我能跑，沒什麼不能解決的》。他提到，讀過村上春樹的書後，也覺得一旦起跑就不能停下，然而，直到實際參加馬拉松時執行了五、六次，才發現如果這麼勉強，身體一定會出問題。所以之後只要遇上狀況不好，他會自然換成用走的，或是乾脆停下來休息片刻。**雖然一度被村上春樹的名言束縛，但如今已經可以泰然自若地停下腳步**。

一樣是跑步，每個人應該有不同的方法，想跑更遠的距離、更快的速度、更久的時間都沒關係，覺得舒服、感到累了，停也都可以。

從無知開始摸索，慢慢能享受跑步

晚了村上春樹十年，松浦彌太郎在四十三歲時才開始跑步的習慣。四十歲時，松浦彌太郎接任老牌雜誌《生活手帖》的總編輯，推動許多變革。然而，三年過去了，雜誌營運還沒出現明顯的改善，他的人際關係卻變得很緊繃，面臨巨大的工作壓力，開始出現睡眠障礙。即使休息，精力也無法回復，最後甚至到身心科掛號。但因為不想吃藥，又想找個能脫離現實、忘記工作、消除壓力的活動，重拾健康身心，腦子裡閃過「去跑個步吧！」的念頭，是四十三歲的冬天。

已經到了不去跑一跑，工作和身體都撐不下去的地步，但第一個晚上，他只跑了三百公尺就喘不過氣，心跳和肌肉都無法負荷，不過，能甩開一切的感覺還是不錯。從那天起，他開始固定跑步，即使只有三百公尺，但身體已經壞到連這個狀況也強求不來，只能慢慢增加。一開始，他給自己的目標是能跑完三公里。

我也因為想重拾身體健康而開始跑步，親身感受到「雙腿忘記怎麼跑」的崩壞狀況，松浦彌太郎的經驗讓我非常有共鳴。最初，他什麼也沒準備就開始跑，沒有跑鞋，只穿一般的衣服，也沒有關於慢跑的知識，只是單純地想讓身體動一動、為了消除壓力而跑。等到能順利跑完三公里時很高興，但一年後就受傷了。

缺乏知識、不懂正確的跑姿，施力方式不對、鞋子又不好，卻還是每天硬撐跑步的結果，受傷是理所當然。但松浦彌太郎說：

這樣的失敗很重要，如果沒有在無知中摸索，慢慢察覺身體哪裡會痛的過程，就學不會正確的方法。

徹底體驗失敗不是壞事。因為失敗受傷，才開始認真學習關於跑步的知識。雖然一開始就學習正確知識也不錯，但如果沒有經歷在無知中摸索、用身體慢慢體會的過程，可能沒辦法真正學會。

松浦彌太郎受傷後，重新學習關於跑步的知識，從鞋帶的綁法開始，花了三年，每周跑三天，終於變成「跑者體型」能徹底享受跑步。但之後又第二次受傷，原來除了雙腿肌肉之外，軀幹的核心肌肉也很重要，再度更新鍛鍊方法，又過了三年，才讓跑步自然融入生活節奏。

從崩壞的身心到能夠享受跑步，松浦彌太郎花了六年才做到。

回想自己，因為懶散而放棄好不容易建立起的跑步習慣，直到昏倒後才覺悟，回頭讀了村上春樹和松浦彌太郎的跑步書，啟發我從新的角度看待休息這件事。然而，和任何事情一樣，持續跑步總會令人感到厭煩，他們能持續下去的理由是什麼，如何克服「痛是難免，苦是甘願」的關卡？我很想學會。

04

比起硬撐向前，選擇停下更需要勇氣

——追求更多、更快、更遠，也要學會享受過程

辭職之後我開始跑步，卻又因為接案以工作為主而放棄了跑步，苦於無法持續運動習慣的我，終於翻開村上春樹和松浦彌太郎的書，想知道他們持續跑步的理由。都說自由工作需要自律，但真的只要告訴自己別停，就能無止境地跑下去嗎？只要不斷逼迫自己，就能一直努力下去嗎？

鍛鍊專注力和持續力，彌補才能不足

村上春樹在《關於跑步，我說的其實是……》書中提到：「**如果成為小說家之初，**

沒有想到開始跑長距離的話，我所寫出的作品可能會和現在有很大的差異。」

他認為小說家的資質裡面，最重要的是才能，其次是專注力，再其次是持續力。如果沒有文學才能，不管多熱心努力都無法成為小說家。雖然才能是前提條件，但可惜的是，才能的質與量、什麼時候出現、什麼時候結束、會以多快的速度噴發……都是無法人為控制的。才能當然很具魅力，但沒辦法做為參考。不過，「**專注力和持續力，某種程度上可以彌補才能的不足或不均。**」

每天三、四個小時面對書桌，完全專注在自己寫的東西上，並不是簡單就能做到。村上春樹舉了個有趣的例子，就算他現在滿腦子都是小說創意，但當專注力被牙痛所阻礙時，就無法完成作品。

此外，就算能夠一天專注寫三、四個小時，如果持續一個禮拜就累垮，也沒辦法寫出長篇小說。小說家要有能夠每天集中精神，並且維持半年、一年甚至兩年的持續力，如果無法在專注和持續之間取得平衡，成為專業小說家是很困難的。

鍛鍊專注力和持續力，和跑步時調教肌肉的過程相似，每天寫、集中精神，把這件必要的工作持續送進身體系統裡面，讓身體確實記住，並且一點一點地推高極限值。

這個過程和持續跑步、持續強化肌肉，慢慢塑造出「跑者體型」是同類的作業。過程當然需要忍耐，但也會有所回報。

村上春樹也說，除了真的很年輕的時期之外，生活有必要設定優先順序，排出對於時間、精神、體力的分配比例，如果沒有確實建立這樣的系統，到了一定年齡之後，人生會缺乏焦點，變成沒有輕重緩急。

以他自己為例，創造出一個生活基礎安定、能集中精神的環境，以寫出更高品質的作品，就是身為職業小說家最優先的事項，也是責任。這是他與讀者之間「觀念上的」人際關係，是這條隱形的線連結了作者與讀者。

以跑步為軸心，調整生活的優先順序

松浦彌太郎在《只要我能跑，沒什麼不能解決的》也說到：「**跑步是努力就會有收穫的事情，這種事情世上很少，工作和金錢都不一定如此。**」而且跑步很誠實，一旦偷懶，身體就會變胖、變鬆散，但只要再開始跑，肌肉又會重新塑造起來。努力不會白費。

當跑步成為習慣之後，他的生活優先順序也慢慢有了變化。因為跑步時空腹會難過，所以每天必須吃早餐；而跑步前一晚也不能吃太多，否則食物堆積在腸胃裡很不舒服，所以面對太晚的宴會就果斷推掉不赴約。最後他乾脆戒掉零食、每天在固定時間用餐（即使不餓也會吃），就是為了儲存跑步的能量、維持每個星期有三天早上去跑步的習慣。「跑步本身就代表自由，」松浦彌太郎說。

讀到這裡才恍然大悟，所謂「跑步會改變生活」指的就是這個吧！**以跑步做為軸心，讓其他事情圍繞著它旋轉，既能讓身體變得健康，也能推掉多餘的應酬，還可以塑造固定的作息與生活型態。**

不是「找到時間才去運動」而是把「這幾天是固定的跑步日」做為優先事項去調整行事曆，改變生活裡大大小小的各種習慣，一步步鍛鍊身體，變得更健康、更有體力、專注力與持續力，然後，想做的事情才能持續長久。

看到兩位作家如何整頓生活，我才發現自己無法持續運動的原因。不是有沒有努力跑的問題，而是如何看待跑步在人生中的位置，進而思考想打造怎樣的生活和工作模式。這是第一個收穫。

努力卻換不來好成績，還要繼續嗎？

身體會隨著時間衰老，到了體力下滑的年紀，無論再怎麼努力練習，都不會跑得比以前快。那麼，持續下去的理由是什麼呢？

松浦彌太郎提出一個觀點：**凡事做到八成之前，努力都能轉換為看得見的成果；但做到八成之後會遇到瓶頸，即使努力還是只能維持相同狀態**。比如剛開始跑步時，只要持續練習就能跑得更快、更遠、體力變得更好，但一段時間後，跑步成績不再進步，甚至會隨著年齡變老而慢慢退步，當然也會開始感覺厭煩。厭煩時，你可以放棄，投入其他興趣，但如果想挑戰「剩下的兩成」，就會進入更專精的範疇，學習有別於過去的新知識，才有辦法前進到下一個階段。

跑到瓶頸之後，可以把「跑得更快」、「跑得更遠」或是「打造更好體態」當成下一個目標，不過，松浦彌太郎自己選擇的目標是「帶著美感跑」。

他在開始跑步的第一個三年學習「掌握方法」，從崩壞的健康慢慢鍛鍊身體。第二個三年設法讓跑步「融入生活」，以跑步為軸心調整各種生活習慣。而第三個三年則轉為追求「跑出美感」，不是在某個時間內跑完多長距離，而是想跑得更柔軟（需要徹底拉筋伸展）、手臂擺動更漂亮（需要練習軀幹核心肌群）、呼吸更輕盈順暢（找出節奏）、跑出沒有聲音的輕快腳步……而這些新目標，只能從菁英跑者的跑姿以及關於跑步更專業的知識著手，進一步學習。

從遇上跑步之後花了九年，才成為能掌握身體狀況，在跑步時不被其他人影響，塑造自己美感的跑者。

正因達到瓶頸，才能展露不同的個性

過去從沒想過「帶著美感工作」也能是一種目標。

原來，當努力碰到瓶頸時，不是逼自己「更努力」就會看到成果，而是可以打破框架，讓自己用全新的角度來看待同一件事。

以跑步來說，追求速度或距離很容易想像，但松浦彌太郎碰到瓶頸，是以追求跑姿的「美感」來當成持續下去的目標，讓我又得到另一層的啟發。

村上春樹給自己的目標是「至少到最後都沒有用走的」，因為寫小說的過程必須挖掘深藏人性深處的毒素，他必須打造健康的身體，才能面對邪惡的深淵。而松浦彌太郎能夠「狀況不好就自然換成用走的，或停下來休息片刻」，是因為距離和速度都不是他的目標，在跑步中避免受傷、帶著柔軟輕盈的動作跑步，才是他的追求。

一樣的跑步，一樣是為了在工作與寫作之外打造健康的身心，松浦彌太郎和村上春樹的跑法不同，所以每個人應該都要有自己的方法。**想跑更長距離、更快速度、更久的時間，還是更美的姿勢都沒關係，重要的是「覺得舒服」，並且給自己持續下去的理由**。

未來我可能依然無法像村上春樹和松浦彌太郎，維持每天、每周三天固定跑步的習慣，而且每年參加馬拉松比賽，但希望從每個禮拜一天開始，到河濱公園慢跑流汗、感覺身體能支撐愈來愈長的距離，雙腿有力氣，胸口能呼吸，享受跑步時拋開一切的爽快心情。

我不需要成為多快、多專業的跑者，但期待能建立享受跑步，並且改變以工作為主的生活，重新設定人生的優先順序。

享受過程和追求勝利的不同

一位跑者朋友對我說：「有經驗的超馬跑者都同意，在比賽中『決定棄賽』比『硬撐完賽』需要更大勇氣。」

所謂超級馬拉松，是超越一般馬拉松標準距離（大約四十二公里）的賽事，有固定距離的形式，例如一百公里；也有固定時間的形式，例如二十四小時內能跑多長距離的比賽。比賽中如果已經努力跑了幾十公里或者十幾個小時，知道一旦放棄，前面所累積的便會功虧一簣；但想到後面還有這麼長的距離、這麼久的時間要跑，對照目前的身體狀況，選擇繼續或放棄，都很困難。

然而，**決定放棄，比硬撐下去更需要勇氣**，這是有經驗的跑者所公認的。我覺得跑步像人生，逼迫自己努力下去可能比較容易，但甘願認輸、放下、承認失敗，總是很困難。

持續書寫工作，大概是我自認在職場裡失敗，無法像大家一樣到公司上班，無法融入職場；為理解自己的失敗，希望好好整理每一種對工作的想法，思考如果不能走和大家一樣的路，能否走另一條喜歡的路？不求在競爭裡勝出，但求能一直走下去，持續做熱愛的事。

成功的人大概沒有這種困擾，但失敗過的人，就有很多事情可以想，因為遇上瓶頸，才誕生每個人不同的個性。追求勝利的跑步，和享受生活的跑步截然不同；提升競爭力的世界也和實現人生的世界不同，我做不到前者，幸好還能選擇後者。

最好的工作者，要懂得何時能拒絕老闆要求

——留在體制內或走向體制外，如何增加自己的職場議價力？面對老闆要求，是提高工作效率或乾脆減輕工作負荷？獨立於公司外，如何取得工作生活的平衡，規畫退休？

前情提要

當年何社長面試劉揚銘進入雜誌編輯這行，編輯部每月例行的「何社會」題目報告，時常讓人緊張到胃痛，工作七年辭職後還經常出現在夢中（是好夢還是惡夢就不說了，只想喊聲：我愛何社會！）。離職後開始寫作，沒在何社長旗下的出版社出版，還邀他老人家訪談工作上的疑難雜症、體制內外生存的糾結，如此過分要求，想不到何社長竟然慷慨 say yes。

小確幸閒散生活工作者，與超專業嚴厲老闆對談工作，會激盪出哪些火花呢？

小確幸閒散工作者 vs. 超專業嚴厲老闆

對談人｜劉揚銘（自由作家）

年過四十不敢上班，選擇自由工作的慢步調生活。

對談人｜何飛鵬（城邦出版集團首席執行長、商周出版發行人）

通稱何社長，是台灣最多雜誌、最大出版集團的創辦人、經營者，也是商管類暢銷書《自慢：社長的學習成長筆記》系列十冊的作者。

Issue 1 體制內體制外，考量他律與自律

劉揚銘（以下簡稱劉）：記得何社長說過，你覺得斜槓的概念很不好，會害死人。

何飛鵬（以下簡稱何）：不是，我覺得斜槓的概念沒有講清楚。**斜槓，不是說你同時做很多事，是你會做一種事，然後再斜槓第二種專業、第三種專業，到最後很多事情你都會做。**不是說你這裡沾一點、那裡沾一點，這滾石不生苔啊！做任何事，不專業就不會好，不好就不會有成果，如果沒有正確觀念就不斷去斜槓，絕對是不好的結果。

劉：但能不能反過來想。以前上班求職，是從職位為主，問我需要什麼能力，培養好再到下個職位、再下個職位；可是很多斜槓的人包括我，是反過來想從自己的能力出發，發展成工作。比如我有個朋友是編輯兼健身教練，還會翻譯，他可以從他的專業去發展更多工作的可能，這和從職位出發是兩種不同想法。

何：這並不違背我剛剛講的話啊。比如說你編輯很專業，可以做編輯，你健身也做得很專業，可以同時做健身教練，這沒問題啊！我怕的是你做什麼都是半調子，那就麻煩了。斜槓還是要基於對專業的積累。

劉：可是沒有人一開始就是專業的……

何：不是嘛，一開始當然沒有人是專業，但是你要下決心用最快、最短的時間把自己變成這行業裡最專業的，這才可長可久。不然你半調子地做這些事，誰要當你客戶啊？不會有人理你的啦。

劉：在體制內上班，跟在體制外獨立工作，何社長你怎麼看呢，有覺得哪個比較好嗎？

何：體制內上班跟體制外工作，是每個人的選擇，**但你要在體制外上班，一個要件是需要高度的自律**。因為在體制外沒有外在的拘束力，你可工作可不工作。我舉個例子，比如說你務農，那是要三百六十五天每天務喔，該除草就除草，該施肥要施肥，不能今天累休息一下，明天累又休息一下，一天打魚三天曬網。

劉：對，休息一下，喝杯咖啡、聽聽音樂看看電影，一天就過了。

何：體制內上班，最大的好處就是提供外在的拘束力，你一定要完成工作任務。每天、每個月要做什麼事，組織會規範你，跟著節奏就可以了；如果你不接受規範，組織就容不下你。體制外的自助工作者要約束自己，要有高度自律，否則很容易讓時間和生活步調失控。

劉：但我又反過來想，就是說，上班會被管理，很難自律，獨立出來之後，因為不自律就活不下去，反而學會自我管理。

以前我是加班很多的人，因為上班都在閒聊，事情做不完就拖著，反正到時候再加班。辭職後才發現不能跟上班一樣拖延，必須趕快把事情做完，有效率才能讓我的時間變多。**給組織控管好像有點可怕，因為不用想也沒關係，那我就偷懶地不去想，就一直順著組織發展的步調走，然後不知道自己未來要幹嘛**。

Issue 2 提升效率，或控制工作負荷？

何：你如果長期在組織裡面，對自己的自我要求又不高，確實會有這種問題。這樣講，工作者分三種：一種效率高，一種效率一般，一種效率低，組織的工作安排都是基於「效率一般」的標準，發給大家的工作量才能如期、順利做完。

可是這對效率低者就很苦，因為他會趕不上，要想盡各種辦法去追組織的進度，成為效率一般的人。效率高的人，可能只花百分之七十的精神就完成工作，剩下百分之三十的時間就會閒著，可以去做一些休閒，或是學習，來提升自己的能力。效率一般的工作者，可以努力提升工作效率，變成效率高的那種人。

同樣是自律的人，你做自助工作者也可以，在組織裡面工作也可以。**但是，你做自助工作者，就一定要是效率很高的人，要從工作開始快速學會自律，如果不能，步調就會打亂，自助工作就會失敗。**

劉：我同意，很多人獨立在組織外失敗，是因為沒辦法控管自己的時間。可是，在公司上班的話，如果我百分之七十的時間可以做完那些事，那剩下百分之三十的時間也不能離開辦公室啊？

何：你可以去學習很多事啊。

劉：我曾經很努力在上班的時候提高工作效率，真的滿有用，可以在更短時間把以前做不完的事情全做完。**可是我一有空，就會有更多工作給我，工作量好像無止境的增加。**當然不一定是老闆丟給我，可能是我覺得新鮮想挑戰，或是想求表現，最後時間一直壓縮，身心狀況負荷不了，就爆掉了，所以才辭職。

何：不是，你百分之七十時間做完原有的工作，剩下百分之三十就可以學習，或跟組織建議你可以從事什麼，讓你有更好的工作表現。可是一旦超過了、填滿了，你就不要接了。為什麼要再接？你要知道say no啊！

劉：那時候不知道嘛，年輕時覺得自己體力無窮。而且一方面不想輸給同事，一方面事情就是這麼多，我不做就是其他同事要做，大家都很忙，我比較有空，不忍心看大家更忙，就接下來做。

何：應該這樣講，人不可能無限增加工作量的啦，到最後你一定會負荷不了嘛！你要知道到什麼狀況你的工作已經滿了，不能再做了，你要跟你的主管、跟組織say no啊。

劉：但當員工也怕如果say no的話，老闆會對我評價不好……

Issue 3 「不敢」拒絕老闆 vs.「從不」拒絕老闆

何：你不用怕啊！沒有什麼不敢講啦。老闆心知肚明，他知道你已經超量，而且工作表現很好了。聰明的老闆會愛惜那些幹練的員工，**老闆會不斷把工作丟給你沒錯，但你一旦跟他說無法負荷，老闆會知所進退，真的。如果你的老闆不知所進退，就不是你可以跟的老闆。**

劉：我以前真的不敢講，原來員工有選擇的權利。

何：我跟你講，如果那個老闆還算英明的話，他能充分辨別工作同仁的狀況，知道誰應該愛惜，誰應該踩油門去逼他，他知道的。

劉：那何社長你自己有這種例子嗎？身為員工的時候，你有覺得工作太多實在做不完，怎麼控制工作負荷？

何：嗯，這可能是我的毛病或是特質，我把工作當做能力的挑戰，能做更多事，我是非常驕傲的。嚴格講，**我工作到現在為止，從來沒有跟老闆say no，只要老闆敢交給我的，我都很樂意接下來**。當然，額外接受的工作一定不是例行靠勞力、完全沒挑戰的dirty job，如果你叫我額外做這種事，少量可以，多我是不收了。但如果你派我去做一件我認為有挑戰的事，或是我沒做過的事，我會非常樂意。

只要是有挑戰性的工作，我從來不會跟老闆say no，沒有那種經驗。

劉：我也曾經很想變成這樣子的人，但因為不會say no，就爆掉了。但我也完全明白工作真的會有一些讓你很想做的事情，因為沒有做過，好想挑戰，可是後來身體健康不行了、精神壓力也撐不住，不得不辭職。現在還是很怕上班。

記得何社長說過，**工作者超越老闆的要求，就很輕鬆了，但我超越不了耶。我發現減少工作量是最直接的，不想一直提升效率去做更多，好累喔。**

Issue 4

事情做完在裝忙，老闆知道嗎？

何：欸……超越老闆要求，有些人很容易做到的。剛剛講工作者有三種，高效率者、平均效率者、低效率者，任何團隊一定有三分之一的高效率者，是永遠超越老闆啊，因為組織的工作分配是以「平均效率」來要求，它還有另外兩群人要跟上，不可能過度要求。**那你事情做完，就不要讓老闆知道就好了（大笑），你可以放慢節奏，假裝還是很認真工作啊，對不對？**

劉：呃，所以職場還是要一點小聰明的嘛（大笑）！以前都用工作者的角度來看，沒有用組織安排的角度來看，沒學會這個。不過，何社長你當主管，知道誰在裝忙嗎？

何：我看得出來，只要是精明的老闆，一定看得出來。

劉：這時候你會怎麼辦？

何：我就會再發工作給他。（揚銘大笑）但我也知道他是能幹的工作者。**我永遠會發工作給能幹的工作者，不會發給笨的工作者啊。**對能幹的工作者，我也知道要愛惜它，不能過度操兵，濫用他的能力。

劉：但你也會給他挑戰就對了？

何：我一定會給他挑戰，只要他能接。

劉：就是這樣，我才覺得很難拒絕。

何：不是，如果你不說不，一路接，那他當然一路把工作給你，二話不說呀。可是你只要說你不行了，降溫一下，英明的老闆會知所進退。很多人說什麼你絕對不能趕快把工作做完，不然老闆會再發工作給你，最後你會被操死，媽的你是死人啊？你不會say no啊，就這麼簡單嘛。（揚銘再度大笑）如果你遇到笨老闆，不愛惜員工，那你就要考慮離開啦，我們跟老闆要跟對的老闆、聰明的老闆，怎麼會跟那個不愛惜我的老闆咧。

劉：如果用賽局角度來看的話，其實也不用擔心什麼，因為老闆會知所進退。工作者要為自己著想才行。

Issue 5 職場議價力，來自時間和學習的交換

劉：聽何社長這樣講，**你一直都意識到自己有哪些選擇、有哪些籌碼可以跟老闆和員工互動，這能力是怎麼學來的？**像有些自由工作者會害怕、不敢拒絕案主的要求，比如內容一直被要求修改，到最後受不了，只能放棄這個案子，錢也沒收到。怎麼提升自己的議價力？

何：我在組織裡的bargaining power（議價力）一向很高的，原因很簡單，我從來不拒絕工作，甚至會主動要求更多的工作。因為這樣，我做了非常多的事，所以我的能力非常多元、也非常強，長期養成下來，**在同**

輩、同類型工作者裡面，我是最好的工作者之一，那我當然擁有討價還價的能力，可以選擇什麼樣的公司我要去，什麼樣的老闆我要跟，我當然敢say no啊。

你不敢跟客戶討價還價，是因為沒把握、因為你的專業度不夠啊！如果你很專業，當然可以選擇客戶、選擇案源、選擇接或不接。

劉：可是有些人如果拒絕了這個案子，可能這個月的錢就沒有著落了。

何：那就是你準備不足嘛，能力不足當然會害怕接不到工作嘛，如果你的工作能力非常強，他媽的要發工作給你的人所在多有啊，你可以挑工作啊，對不對？

劉：的確是啦，但……（苦笑）

何：這我常講，很多工作者說，哎呀老闆叫我加班，我不敢拒絕，老闆要我怎樣我也不敢拒絕，那你去死吧！為什麼不敢拒絕？因為你工作能力很一般嘛。

我的邏輯都很簡單，**把自己變成最厲害的工作者，把自己變成最有效率的工作者，把自己變成最有能力的工作者，然後你就可以挑老闆、挑公司、挑工作**，不合你意你就可以拒絕，此處不留爺，自有留爺處。那你如果工作能力一般，只好逆來順受，不敢拒絕，你去死吧，就這麼簡單嘛。

獨立工作者也一樣，你一定要把能力做到最強，可以挑工作，不怕接不到工作。那你就可以把醜話講得很清楚，什麼事情你不接，改稿不能超過三次，之後就不改了，而且超過三次他媽的你照樣付費，要付百分之七十費用給我，你可以訂這個規則啊！

劉：嗯……可能一方面是對自己的專業度沒把握，一方面是沒有這種意識，害怕如果訂出規則，以後人家不找我接案，那我也活不下去，有個心理的恐懼吧。

何：你學不會啊？你如果沒事先講好，不挑工作，到最後他媽的錢都收不到。**欸，醜話不先講跟錢收不到，哪個比較嚴重，對不對？醜話先講，他不接受，你至少不用浪費時間去做白工。**

工作不是勞力跟時間的交換，是時間跟學習的交換。我花了時間，做了更多的事，就會學到更多能力，就會變強，這是一個正循環。工作愈多、學習愈多、能力愈強，然後你就可以挑工作。

Issue 6 勞力和時間，能力與創意的組合

劉：我很同意。我現在有設定賺錢的標準，超過就不再為錢工作，就把時間拿去做那些自己覺得有意義的事，或是沒做過的事，或是跟想合作的人一起，就算沒什麼錢也會去做。這樣我可以在工作中認識新朋友，去沒去過的地方。

有時候人家知道我做了一件事，會說不然下次一起來做點什麼好了，我還滿享受這種感覺，好像走了一條岔路，雖然不知道會走去哪

裡，但最後發現這一路上還滿漂亮的。但是為了錢的工作常常就是只有賺到錢，當然賺錢效率比較好，可是好像沒有意外的驚喜或發展。**當然有些事情做了，錢沒賺到，成果也不是非常好，一定有這種經驗，但後來發現，很多機會都不是來自為了錢的這一邊。**

何：我告訴你，任何工作是三種東西的組合，一種是「勞力和時間」，第二種是「能力」，第三種是「創意」。

你接的工作只花勞力跟時間的話，這叫 dirty job，工作如果是「勞力和時間」再加上「能力」的話，代表你有一定程度的議價空間，如果你還能有「創意」擺進去的話，你可以創造主動收入。你可以做出一個案子來，主動去跟公司講「你要不要這個案子？」而且擺明地講你要收多少錢。獨立工作者如果能夠三者兼備，你就可以創造高附加價值的主動收入。

劉：我很想達到這個境界！但是中間一定會經過很多困難。

何：一定要很長的學習過程。

劉：那在公司體制內的人，也可以做到這樣子嗎？跟老闆說自己想做什麼。

何：體制內工作也有這三種性質，而且，不只是跟老闆提出你想做什麼，在現有工作裡面，如果加上你的創意，會有完全不同的結果，會有突破，會有創新，說不定會省很多錢，或是讓效率變得非常快。

劉：那，省下的錢就可以去做其他挑戰……咦，何社長你在寫什麼？（何社長正在採訪大綱上用鉛筆塗塗寫寫）

何：在寫我的寫作題材。

劉：啊，什麼！？那你跟我講完，馬上就可以寫出很多篇專欄文章嘛（大笑）。

何：我同時都做很多事啊（大笑）。

劉：吼，這我一定要寫在書裡，我們在談的時候，你已經把這一二三四……七篇專欄的題目定下來了，很過分欸（苦笑）。

何：不是，這些都是我知道的事，只是透過你的訪談把它具體化。

劉：我常常到了截稿日文章還寫不出來，如果可以這樣的話，就會一直有題材可以寫，工作也會變輕鬆。

何：我手機裡永遠有很多題材啊！工作上發生任何事，題材一；談話間想到什麼事，題材二，馬上記下來。每次要寫稿就打開筆記本，看要寫哪一篇，再去延伸內容。

Issue 7

工作和休息，哪些時間陪家人？

劉：何社長你從來沒有工作量大到無法負荷，都怎麼安排工作和休息？

何：這個比較有趣，我的工作跟休息時間是不分的，我在工作中可以休息，在休息中可以工作。比如我會非常專注工作兩個小時，然後休息十五分鐘或半小時，我常常這樣做。不會說今天就是工作，明天就是休息，不會這樣截然劃分，所以在工作中可以得到休息，休息中也可以去想工作的事。

劉：那休息對你工作有什麼效果嗎？比如說，節奏的調配……

何：沒有。休息就休息而已，**有沒有這些休息不會有什麼差別。工作就工作，我不會說，不行，我一定要去玩一下，然後才能繼續工作，我沒有這種事。**

劉：所以工作已經完全融入在你的生活裡了？

何：應該這樣講，**工作是我人生非常重要的一部分，如果沒有這一部分，我覺得人生沒有意義，所以工作是必然的。**我常講啊，只要我能動，我會做到八十歲，我會從一個地方退休，然後到另一個地方繼續啟動。

劉：休息對工作沒有影響，很訝異耶。我的狀況是第一天輕鬆工作，第二天很集中專注，到第三天就非得休息，才能回復精神繼續。

何：因為你的前提是「工作是辛苦的，工作是勞累的」，所以你工作一段時間需要休息，休息之後才能繼續工作，這是你的邏輯。我的邏輯是工作是快樂的，工作是生活的一部分，沒有工作就人生無趣，所以我沒有休息的邏輯。

有休息很好啊，有旅遊很好啊，但跟工作沒有關連。

劉：我也覺得工作是人生中很重要的一部分，辭職之後才發現自己真的滿喜歡工作，如果沒有做點什麼我會很不安，只是沒辦法達到工作和休息不分的境界。話說回來，假設何社長去旅行的時候，也會處理工作嗎？

何：不會真的處理，但會思考。因為**工作有兩種，一種是實務的，比如要完成什麼樣的文件，我估計這大概只占一半，另一半是思考，在休息中也可以做。**比如去旅遊，看到某件事情有所啟發，就立即想在工作上可以這樣做。

劉：從年輕就習慣這樣？

何：對。

劉：那家人跟你一起出去玩，不會覺得你都在想工作，沒有好好陪我！

何：我不會讓他們知道啊，想的時候只是一瞬間。欸，同行者能感受到你的身體跟行為，怎麼能感受到你的思想咧？

劉：可以吧（大笑），**你有沒有用心陪人家，人家知道啊！**

何：是啦是啦，我不是全部時間都這樣子，坐車的時間、喝咖啡的時間，會靜下來嘛。

劉：我聽過何社長一個傳說，有一次你女兒要考試，你說開車載她去學校比較快，她在車上也可以多看幾分鐘書。到校門口你提醒她下車，結果女兒說，爸，我已經上高中了，你載我到國中校門幹嘛？

何：沒錯，這是事實不是傳說。

劉：那你不會覺得，都在想工作的事情，沒有陪家人嗎？

何：沒有啦，那次是意外。我當然知道她已經上高中了，只是一瞬間以為，就像你突然想不起這個人的名字，並不是我心不在她身上。因為急著送她去上課，就很直覺想到以前去的地方，我有送她上課過嘛。

劉：工作跟休息，也要陪伴家人，這些都是我是辭職之後才開始想的。以前上班，都是一直工作工作工作，時間全部被占滿。

何：我大概二十五年的時間，從二十六歲到五十歲，全心全意在工作上，老實說，我沒有陪小孩，也很少陪家人。五十歲以後想到這些事，就盡量找時間陪他們。

我認為，工作跟家庭是選擇，**人生每一段時間，如果能同時兼顧工作跟家庭，是最理想的。可是你常常不能這樣，可能是有一段時間全力在工作上，有一段時間多花點時間在家庭上，就看在哪個時間段裡做這些事。**只是我年老才陪家人，不是年輕就陪，五十歲覺醒還不算晚吧，還有很長的時間。

Issue 8 退休準備，是金錢還是工作能力？

劉：我現在有設定每個月要花多少錢，是最低生活成本，只要賺到錢，剩下的時間就不想接案，比較把時間拿去創作或是喜歡的事……

何：（打斷）我問一句話，你的最低生活成本，有沒有包含未來退休金？

劉：呃……算有吧。但是沒有足額，絕對不可能足額的。

何：我是覺得你必須要設定足額。因為freelancer自由工作者不會有退休金，你要為五十歲後，或是不能再工作的時候去設想，你的最低生活費要含未來退休準備，不含的話就是不負責任。

劉：我的想法是**我不可能會有退休的時候，只能一路做到死。**

何：你要做到八十歲嗎？

劉：對啊。

何：你八十歲還能這樣工作嗎？

劉：**所以得做一個到八十歲還可以做的事情啊！**

何：我覺得你這個想法不切實際，人的體力、腦力、精力……我估計最好還是用六十歲，頂多到六十五歲去做準備。如果以平均壽命來看，六十五歲到八十歲中間還有十五年，要有足夠的錢去做退休準備。

劉：但現在都說退休年齡肯定會延後，以後的人不可能六十五歲退休。

何：講是這樣講，可是你要為自己做準備，當然要未雨綢繆啊。萬一你身體有病痛，不能工作怎麼辦？需要足額的退休準備啊！

劉：當然還是會有些安排，比方說投資什麼的也有在做。只是覺得不會有「退休就不用工作」的時候，所以把能維持工作能力當成一種退休準備。當然，老了不可能還像現在這樣工作，但至少二分之一，或三分之一的程度，總要達到吧。

何：我認為，最好的狀況是你設定六十歲以上就不工作，所以要為六十歲以後的生活做退休準備，否則你會很慘。

劉：六十歲太早了吧，現在大家六十歲都還很健康欸！

何：不是，你的準備寧可早，也不要晚，萬一你六十歲做不到咧？六十歲還能工作，當然就繼續做，有什麼關係。但如果六十歲有什麼風吹草動，你還要應付得起呀，這才是負責任的態度啊。

劉：我當然還是有一點打算，但已經做好不能退休的準備了。**像農夫也是種田到八九十歲啊，畫家也沒有聽說老了就不畫啦，作家還不是一路寫到掛，你有聽過六十歲以後就不想寫的作家嗎？對不對？**

何：我隨便你，我不想跟你辯這個。因為寧可準備充分，準備完整。你都假設你不病不痛可以做到七八十歲，萬一有病有痛呢，你可能五十歲就不能工作了，所以用六十歲來想是合理的嘛！這個才叫充分、足額的準備。你用你會做到七十歲、八十歲為前提，這是不切實際的準備。

劉：沒有啦，當然還是會病痛啊，我是希望可以用持續工作來彌補一點啦，可能是想法

不太一樣吧。啊，何社長你翻白眼，等等，我就是想看這種「哎，不知道你在想什麼」的表情，這樣對談比較好玩嘛。（何社長無奈）

好，那最後我還想問，未來職場應該會有滿大轉變吧，雇用型態可能會逐漸鬆動，變得零散出來。

何：我認為未來的組織一定是極小化，只留住核心工作，非核心的支援型工作，全部會外包給其他的公司或是個人，這是未來職場的常態，的確會有很多外圍的獨立工作者。

劉：我希望可以當那個外圍的人。

end

ONEY·TIME·MONEY·TIME·MONEY

Part 02
時間與金錢

取捨怎麼過日子是自由的責任，
也是自由的權利。

TIME·MONEY·TIME·MONEY·TIME

A

不枉人生的時間運用

01

用整理房間的心情，整理使用時間的方式

——管理時間資源、給自己挑戰目標，是自由的權利與責任

許多人把「時間管理」想像成「提升效率」，想用更短時間完成更多事，但比起提升效率，取捨優先順序可能才是更根本的問題。就像整理房間，最重要不是在相同空間塞進更多東西，而是了解自己的生活究竟需要哪些物品，處理不需要的、歸類整理留下的東西，讓居住空間和生活方向一致。

大多數的人習慣整理房間，但時常忘記整理自己的時間。選擇自由工作後我慢慢學會——

必須自己找目標，隨目標調整使用時間的方式。取捨怎麼過日子是自由的責任，也是自由的權利。

上班有老闆給方向。辭職只能自己找目標

第一次對「時間」感到焦慮，是三十三歲辭職後的事情。我做了自己喜歡的工作，卻搞砸了身體健康而無法繼續，失去職稱、失去身分，沒辦法對別人交代自己在做什麼，也無法對自己說明人生。年過三十不知道未來能幹嘛，發現台灣男性平均壽命七十八歲（女性八十四歲），如無意外，人生只剩下一半多一點，那是不是已經浪費了一半？

十幾二十歲時，總覺得時間無限量供應，人生會不斷延長、未來有無窮可能，直到發現自己未來比過去還少的時候，取捨該怎麼過日子才能讓人生不後悔，就變成重要課題。

離開正職受僱，朋友建議我試著接案過生活，不知道能否成功，首要目標是「生存

下來」。自由工作第一年忙著賺錢維生，有案就接，沒時間想太多；第二年，大致確定可以存活，卻也出現「案子太多做不完、案子太少又怕收入不夠」的兩難，經常自主加班、熬夜寫稿，心想：「這樣下去跟上班有什麼兩樣，到底為何獨立在外工作？」這才終於體會到，上班即使沒有想做的事，公司也會給定發展方向；**自由工作雖然沒有組織束縛，但若不自己找目標，最後還是會把時間花在別人要求的事情上，難以達到自由。**

就像房間塞滿東西，我的時間被各種案子占據、填滿，沒有取捨行程表裡應該放進哪些事情，才能讓人生不虛此行。拿出整理房間的心情整理時間，第一課是丟掉不該留下的物品，清出一片空間來。

盤點時間資源，隨目標調整如何使用時間

既然自己設目標，就不需要和別人一樣，每個人的生涯狀況不同，即使模仿別人，過一段時間還是會想為自己創造更有趣的人生。

以我的狀況來說，受過身心過勞的傷害、熬夜趕進度的苦，不想再重複上班症狀，因此，**我為自由工作立下的第一個準則是：想擁有更多自由時間**。

目標需要取捨，畢竟同樣的時間可以拿去接案賺錢，也可以空下發呆；為了交換更多自由時間，我計算出最低生活成本，告訴自己「達標後就不為錢接案」，當然遇上有趣、想做的專案還是會爭取，只是不再以收入當成唯一衡量標準。這原則從自由工作第三年一直持續到現在，成為控制工作量、取捨哪些事該做的基準。

最低成本計算了生活費、保險、零用錢、旅遊基金和存款，有可能隨每年生活型態不同而調整。我的幸運在於不用付房租，能減少大筆開銷（如果需要，應該會為便宜房租付出很大妥協），另一方面，日常消費也逐漸降到比上班時更少，甚至低過大學時代的零用錢。這些計算與取捨，都是為了爭取更多自由時間。

自由工作第三年，我終於告別「有案必接」的忙碌模式，開始挑工作，在「有錢但要不要賺？」的取捨中磨練，也在「有自由時間後，要拿來幹嘛？」的選擇中反覆思考，就像終於把房間整理出一塊空間，但這空白應該放進什麼，會決定之後的生活樣貌。於是到了自由工作第四年，給自己下一個目標：**盡情挑戰沒做過的事**。

從公部門的交通部，非營利組織的法律扶助中心，到企業老品牌再造專案，在電視節目、網路節目登場，參加了朋友的創作計畫，寫論文到御宅學術研討會發表……這一年賺的錢比之前都少，但這些嶄新的工作帶我去到沒去過的地方，認識了過往不會認識的人。

因為採訪和演講而去到不同鄉鎮，體驗到節目製作過程，還結識一群有相同興趣的御宅同好，讓我了解到工作也是拓展生活圈的方法，而這些緣份許多在未來帶給我新的工作機會，因此更確定「不為錢的工作會帶來金錢以外的收穫」這個想法。

失敗過程，習得存活經驗

自由工作有點像荒島求生，周遭一切都新鮮，只是最初不確定哪些地方可以踏足、哪些障礙能否越過、哪些植物該不該吃，所以求生有難度。

存活需要經驗、需要犯錯、需要失敗許多次還能再站起來的底氣，然而一旦存活下來，無論意志和能力都會變得非常強悍。

只要確保生存不會有大問題，嘗試各種沒做過、想挑戰的工作，不論結果成敗，過程中得到的經驗對未來會非常有幫助。

降低生存成本，增加自由時間，就有更多機會做這種嘗試。需要一點初心者的莽撞去踏入未知、去失敗、去學經驗。挑戰的心情和年齡無關，反正自由工作沒有退休，希望到老都能保有敢失敗的勇氣。

好比自由工作第五年，就是我的**最大失敗年**，**一開始給自己的**「**全年不接案，專心創作**」**的目標，結果錢沒賺到，創作也沒寫出來**。最初幾個月發現只花存款很可怕，心情始終焦慮，年底甚至還經朋友介紹跑去上班，而且只待了四十天就辭職——做了很過分的選擇，不過，那家公司半年後就面臨清算，根本體質上就不健康，只是當時我已焦慮到無法分辨公司好壞，違背不想再正職上班的心願，還把時間弄得一團亂。

這一年也不是完全沒收穫，我反省上班再度失敗的原因，正式告別在職場「待價而沽」找機會的階段，進入「想自己創造一點什麼」的狀態；不再思考「找老闆雇用我」，轉為依靠自己一點本事來「找客戶合作」的心態。

我已到平均壽命的一半，想做的事還有很多，不該再花時間說服老闆（或其他人）同意自己的想法，還要等審核、等流程、等待上面撥資源才能去做。希望想到一件事就能立刻去做，做完再說。

如果有人看到我做了什麼，覺得有趣，那我們說不定能合作；如果有人看了覺得礙眼，我也只能說抱歉，以後盡量不要妨礙到別人，換其他方法繼續做。

一個人獨立工作，沒什麼資源也賺不了大錢，但只要反過來想，去做那些「正因為沒有資源才能做」的事情就好，不用跟別人搶。反正我的目標從來也不是發大財，只希望一個人在角落好好做自己喜歡的事就快樂了。既然工作才是成就感來源，那我應該成為行動者、創作者，努力找尋應該前進的方向。

半年賺錢，半年創作的可能？

自由工作第六年，我再一次調整工作結構，思考能否用「半年賺錢、半年創作」的方法生活？過往一面接案一面創作，兩種時間混著運用，感覺很零碎，而全年不接案賺錢的挑戰已經失敗，如果能把「賺錢」和「創作」各自往上下半年集中，聽起來似乎不錯。

結構調整並非一蹴可幾，第六年幾乎都在轉型中度過，直到第七年才終於有機會，上半年七個月賺到足夠生存的錢，下半年我擁有許多自由時間，包括年底到瀨戶內海小鎮尾道旅居兩個月。回頭看，下半年很夢幻，但上半年卻勞累到昏倒，對於如何維持健康的工作節奏，還需要更多學習和實驗。

未來希望能挑戰「自己創造工作」，從接案為主、創作次之的優先順序，反過來變成創作為主、接案次之，思考創造內容也能帶來收入的方法。因為新冠肺炎疫情爆發，接案收入減少，如果沒案子就沒收入，自由工作仍然稱不上自由，做為內容生產者，是不是有機會設計以內容為中心的商業模式？期待自己趕緊實踐出來，做比說更重要，就算想法不夠完整，做中學最快。

理想的工作和生活模式，也許到老都很難達成，然而只要能夠每年慢慢趨近一點，給自己目標，努力實驗，即使有成功有失敗，但有機會去挑戰就是自由工作最大的福利。只要收入能存活，就不要停止這場人生實驗。

不要停止人生實驗

回到「如何運用時間」這個主題上，前面列舉的個人經驗，既不是人人可學，學了也可能沒有用，因為工作者面臨的條件與狀況都不同。

例如我的創業家朋友，習慣在工作上用別人的兩倍甚至三倍速運轉，同時進行許多專案、開創不同事業，等到有一定程度的影響力之後，再慢下來取捨人生；也有作家朋友已經了解自己的創作目標和強項，希望專注投入，磨練成這個領域的頂尖；自由工作的朋友想趁年輕開拓經驗、不想錯過機會，所以盡可能承接各類專案，先累積成果和口碑。每一種生涯和條件，使用時間的方式都不同。至於我，還在摸索哪一種工作方式能優雅有餘裕地達成目標，如果用零點七倍速完成當然比兩倍速更好，所以才在每年的經驗中不斷嘗試調整。

然而，無論面臨哪一種工作條件，「**定期設定目標**」並且「**根據目標調整使用時間的方式**」肯定有幫助。重複說一次，這是自由的責任，也是自由的權利。

把握年輕時累積各種經驗，有一段多采多姿的嘗試時間是必要，不過增加到最後，都會面臨取捨的轉折點，建立「哪些事該做」的優先順序。

就像整理房間一樣，用減法思考哪些事值得捨棄，
哪些事可以繼續，可能比提升效率更重要。

如果你也是自由工作者，在取捨標準中也能設法展現自己的獨特個性，與其著重比他人做得更多更快，注意那些「別人難做到而自己很擅長」的領域可能更有幫助。

荒島求生時，分辨哪些地方可以去，哪些危險不要踩，如何建立能持續的工作模式；釐清每個選擇代表的風險，只要能承擔，就勇敢去做，做了再說，是我給自己的目標。而這選擇可能只是千萬種選擇的其中之一，而且很可能不夠對，不夠好，但沒關係，只要能活下來，日子過得無愧於心，持續存在就是一種證明。

02

自律是被逼出來的，熱情也需要截止日期

——記錄與回顧，讓每天過得更值得

自由工作者常被問：「你是不是很自律？否則沒有上下班打卡，怎麼決定何時開工、可以休息多久？」誠實回答：自由工作者肯定自律，但自律不是天賦，是後天必須，是鍛練出來的。

每次被當成自律的人，我都心裡有愧，**正因為了解自己懶惰，才決定把自己放在無法偷懶的位置，用推力和拉力逼自己振作。**

有熱情與截稿時間，自律的推力和拉力

逼自己自律的推力，是自由工作按件計酬的工作模式。假設一個案子三萬元，三天做完，日薪一萬；十天做完，日薪就剩下三千，浪費時間等於和錢過不去。為求生存，當然希望工作有效率、快速賺到足夠生活的金錢，用收入目標推著自己迅速完成。

開始自由工作後，我不抗拒截止日期，甚至有點享受截止日期。相信大家都有「其實我也想做某件事，但拖著拖著就忘了、算了、隨便了……」的經驗，說下次再約就沒有下次、想以後再寫就沒有以後，如果沒有被人規定的截稿日，很多文章可能永遠不會動手寫。大多時候我準時交稿，是了解自己才華不高，至少做到不要拖稿，下次才有機會繼續被邀稿。

生存條件逼我必須有紀律，學會不要抗拒死線。

而吸引自己想達成自律的拉力，是自由自主的行動可能，以及做有熱情的事。自由工作和上班時間感不同，早點做完，真的能早點收工放鬆，如果天黑前完成本日進度，下一秒就去河濱公園看夕陽，不用待在辦公室等打卡時間到。從前上班總有個心願，是離開辦公大樓時還能看見黃昏的天空，上班時達成不了的夢想，現在終於能實現。

此外，做有熱情的事，就不需要自律，還會自動沉迷。我打遊戲可以沒日沒夜上癮，有時寫稿也一樣沉迷，寫完覺得自己世界無敵，趕快向家人朋友炫耀寫了篇曠世作品（雖然再看一次可能覺得是垃圾），工作不可能每次都很有趣，但能做到如此沉迷，本身就是一種獎勵。

再說一次，自由工作肯定自律，但不是天賦，是後天學習。

我也有過誇張的拖稿經驗，曾央求編輯寬限兩天，結果根本不想寫稿，還徹夜打遊戲沒睡，當時住在尾道民宿，中午起床遇見民宿主人，好奇我今天怎麼這麼晚起床？我回答說整天沒寫稿都在打遊戲，她頭一歪：「台灣的工作截止日是可以延後的嗎？」讓我羞愧到不行，趕緊改過自新、努力上工去。

正因為不相信自己的自律能力，更要站在「不自律就活不下去」的環境，多做一點有熱情的事，不抗拒截止日期，加上如果表現不佳、賺不到錢就有生存危機……面臨這麼險惡的情況，不努力還有其他選擇嗎？以前沒得選，但現在想做一個自律的人，因為我是自由工作者，即使想偷懶，也總要抬頭挺胸地回來面對工作。

一天一件事的記錄，定期回顧如何使用時間

以上是自律的心態層面，以下談操作層面。協助了解自己的工作方式，並逐步調整改進的工具，是**記錄和回顧：每天三分鐘記下自己做了什麼，每月用三小時回顧這份紀錄**。管理學有句名言：你無法衡量的，就無法管理。

想管理時間，首先要確定自己如何運用時間，並且建立一套衡量標準——請別依靠感覺，用白紙黑字實際記下自己每天做了什麼。

如果是第一次挑戰，相信我，兩個月後回顧這份「紀錄」，肯定和「記憶」差很多。

許多我們以為重要、應該花更多時間做的事，往往被忽略在行事曆裡。記錄時間的方法，每個人狀況應該不同，在此先分享個人經驗，歡迎大家調整出自己的做法。

曾看過秋元康每天會在日曆上寫「一行」筆記，記錄今天看到一件特殊的事情，但忘記也沒關係，只是像memo一樣。而我則是為自己**設定「每天必須完成一件事」的目標**，所以會在每天結束前，花幾分鐘記下今天做的「那一件」事。例如，今天寫下談自律的這篇文章，本日工作就是「撰寫新書書稿」；明天預計放假出去玩，明天結束前，就在行事曆裡記下「休息」。

「一天一件事」的原則簡單明瞭，到了月底回顧，就知道這個月書稿寫了幾天，休息了幾天，哪個專案又做了幾天。這麼做有兩個好處：

第一是**方便計算每個專案**、**每項工作花了多長時間**，**可以賺到多少錢**。比如A邀稿寫了兩天，稿費總計三千元，一天賺一千五；B專案總共花九天，費用三萬元，每天能賺三千三百元……以此類推。工作紀錄協助我控制進度和效率，也能了解哪個案子更能賺錢維生。

其次是能**掌握每個月工作幾天、休息幾天，確定自己的工作節奏**。例如寫書稿的過程中，曾有一段時間心情低落，回顧工作紀錄我才發現，連續幾個月工作量非常大、寫作字數遠高於平均，而且好久沒有休連假。原來我不是太偷懶，而是太疲倦才會心情低落，多虧有工作紀錄，可以理所當然放一次四天三夜的長假，調節身心之後再繼續回到戰線。

「一天完成一件事」是依據個人工作習慣產生的記錄方法，不一定適用於大家。例如小說家曾經參考這個方法，最後改版成只記錄寫小說的時間，其他都可忽略，因為寫小說才是最重要、也最需要掌握進度的工作。也有自由工作者會刻意記錄每天工時，並且在回顧時算出「本月工作二十二天、平均每天工時五點五小時」的數字，因為工時是他在意的指標。

而我不記工時，若今天偷懶只做了一小時也會記為一天，因為個人原則是「一天完成一件事」就好。想像中，若是公司主管，很可能需要更複雜化的記錄原則，例如縮小到以小時為單位，區分會議時間、拜訪客戶時間、用於管理和用於自己動手做的時間等等。

依據工作狀況建立一套衡量時間的標準，是每個人的修練。

只要每個月抽出一個晚上，用三小時（也許不用這麼久）回顧這份紀錄，回想到底做了哪些事，了解自己如何使用時間，思考之後還可以怎麼使用時間，對工作與休息都有幫助。

調整工作休息的節奏

再分享一個調整時間使用方式的經驗。二〇二〇年，我想從接案為主的工作形態，轉為創作為主。過往以接案為主時，工作節奏隨著每個專案走，有時密集有時鬆散，休假時間不固定；進入創作為主的狀態之後，心想可以嘗試「每個禮拜固定休一五，二三和六日寫作，禮拜四做其他工作」這種穩定的作息。結果卻是大失敗。

原因在於，有時是既定的工作日，卻怎樣都提不起勁，只想放假；等到預定休假日，即使想做事，也會偷懶地想：「今天放假欸，幹嘛工作啊？」一開始想要固定行程表，過更有紀律的生活，幾個月後卻搞得創作、工作一團亂，事情做不完，心情更慌張。幾次回顧取捨，才決定放棄固定作息，改回自由安排時間。

比如某天原本預定寫接案的文章，結果突然想到書稿的點子，就先把時間拿去寫書，接案工作稍微推遲，能趕上截稿就好。或某天早上被貓吵醒，精神渙散，知道勉強工作效率會很差，乾脆把原訂工作日改成休假日，今天養足精神，明天再上工，如此一來，休息和工作都會更有品質。

經過這次調整「時間使用方式」的經驗，**才發現不該固定作息，自由安排時間的生活更適合我**，應該每天早上醒來想幹嘛就幹嘛，只要確定今天有做完一件事就足夠——雖然老婆聽到時不免吐槽：「你每天都睡到中午，哪來的早上？」

呃，我不喜歡把行程表填滿，也不想加速運轉、一年當兩年用的人生。以前上班常被同事虧：「每次經過你座位，電腦螢幕都在上網沒在工作！」現在自由工作也是每天睡到十點多，下午兩點才拖拖拉拉準備上工，等認真開始做已經下午三四點，頂多撐到晚上八九點收工，每天努力三小時就很想稱讚自己……

要是沒有記錄工作、定期回顧的習慣，效率大概會更加低落；也幸好有記錄工作、定期回顧的習慣，確認每天有前進一點，就不會覺得對不起內心。

即使一天只能認真三小時，但好好利用這三小時，持續調整和改進使用時間的方式，如果每天都過得不錯，加總起來的人生總不會太差。

希望每天結束前，都能感覺今天值得，這是記錄和回顧的初衷。

03

創意時間腦袋放鬆，效率時間神經緊繃

——「想」跟「做」是兩種工作，時間進行方式不同

「無法準時交件」會造成工作很大的困擾，無論對自己，還是對合作夥伴都一樣。就工作者本身來說，準時是信賴的代名詞，在任何情況都能優雅、有餘裕地完成任務，準時交件的工作者，肯定可以依靠，還讓人感覺很酷。而對合作夥伴來說，**任何工作都有流程，哪個環節拖延，都會影響他人的工作。尊重每個人的時間是一種專業態度**。

自由工作按件計酬，對時間格外敏感，事情愈快做完時薪愈高，既不想被人耽誤時間，也不該耽誤別人的時間。好想成為被信賴的專業工作者，但很難為情，還是有

不少在時限前交不出成果的紀錄，每次都讓人思考到底為什麼，是哪裡出了差錯？後來才發現，應該把「創意的時間」和「效率的時間」分類管控。

工作大概都能分成「想」和「做」的階段，從計畫到著手，應該用不同的時間感來面對。

思考時善用發散放空的時間，逐步形成創意；動手後進入效率緊迫的時間，迅速完成。最怕開頭沒想清楚就急著出手，到中途發現工作變得一團亂，結果難以收尾。

有時無法準時完成不是因為「時間不夠」，而是「使用時間的方式選錯」，最讓人懊悔。

發想時間：工時相同，但創意會分散在不同時點

創意的時間無法追求效率，也不該要求效率。不是逼自己坐在辦公桌四十八小時不准離開，就能想出絕妙的行銷企畫點子、解決問題的新方法，或是產生一篇好文章

的靈感——緊迫急躁的態度反而有害；需要創意時，拿出更鬆散、閒適的心情反而更有效。

年輕時我常犯一個錯，雜誌編輯部每月的題目會議，同事都得準備好幾個吸引讀者的內容企畫出來討論，我總等到開會兩天前才開始想，但用盡各種方法就是想不出來，苦於沒有好點子，輪到自己報告時總是支支吾吾，後來才發現是我使用時間的方法錯誤。

原則上「兩個工作天」足夠完成企畫，只是這兩天總計十六小時的企畫工作，可能要「分散在兩個禮拜之中」，且每次想一點。例如前面十二個小時是東一點西一點，把各種零碎的點子湊起來；而最後四小時是兩小時統整點子、兩小時專心完成紙面企畫。

就拿撰寫這本書為例來說，最初規畫內容的階段沒想清楚，開始寫稿後才發現定位不明，把寫完的部分砍掉重練，眼看進度就要來不及，又因為時間愈來愈緊迫而慌了手腳，最後實在無法如期完成，只能拜託編輯寬限更多時間。因為自己沒做好準備，造成編輯和出版社必須改變原訂排程，這就是不專業的表現。回顧自己的失敗之後，我試著歸納一些工作原則。

思考工作的創意階段，要追求更多的可能選項，這些選項（點子）是否準確、合理、堪用，都不重要，總之先求更多、更雜、更發散。

創意像一把命中率很低的槍，如果射一發子彈打中的機率只有百分之五，那開二十槍總會命中一次吧。若從效率思考出發，應該設法提升命中率才對，但創意思考注重多開槍，隨手無聊漫天亂打說不定更適合。

具體來說，拿到一個企畫提案、一個待解決的問題、一篇邀稿時，讀完相關資料，模模糊糊把要點記在腦海某個角落後，先暫時不去想它，可以盡量做其他工作來轉移焦點。上街聽聽路上的聲音、瀏覽商店招牌的文字和造型、觀察行人穿什麼衣服，或隨手亂翻書架上的書、看電影、聽歌、上網搜尋無用的小知識都好，即使去散步、跑步、洗澡或是打掃房間，做些不占用大腦頻寬的機械化動作也很不錯。

這些看似無關的活動，有時會讓大腦靈光一現，例如，招牌上的文字剛好激起企畫的點子，或從某段電影劇情想到一個可能有用的方案，還有洗澡到一半剛好把腦海裡解不開的結打開等等，趕快把這些「靈光一現」的想法記錄下來（用筆記本、手機、錄音都好）。

雖然**創意這種東西無法控制它何時出現，但卻有辦法慢慢積累**。有用的點子很可能不會在同一天發生，也許星期一想到一個、星期二遇到兩個、星期三想不到或沒時間想、到了星期四卻突然浮現五六個點子，只要累積夠久，材料自然夠多。

在發想的階段時，創意點子的好壞不重要、品質也不重要，重要的是盡可能累積範圍夠廣、數量夠多的靈感來源。企畫不要只參考同業，從完全無關的行業找資料搞不好也有機會；要寫一篇職場文章，說不定靈感會從懸疑小說出現。

等點子累積到差不多後，初次彙整前，請提醒自己**至少必須追求「第二波」創意**，不要只想到第一個可能的解決方案就停止思考。這麼做有幾個好處，首先是第一波創意很可能沒有想像中那麼好（寫完一篇很棒的文章再看卻覺得是垃圾，每個創作者都經歷過）；此外，第二波創意至少可以做為替代方案，發現第一個點子行不通時，馬上就有備案可用，不會做白工。人腦很有潛力，追求第二波時常會激盪出更巧妙的方案。

以上用放鬆、發散、散漫的方式度過創意時間的方法，是從創意大師狄波諾（Edward de Bono）的《水平思考》、討論大腦演化與功能的雷納．曼羅迪諾（Leonard Mlodinow）所著《放空的科學》，以及廣告大師楊傑美（James Webb Young）的《創意，從無到有》歸納而來。許多道理過去都懂，只是汗顏無法每次如實做到，把方法整理出來，至少讓自己有指南針遵循。

執行時間：專注、一次完成，收工前記得檢查

當點子累積夠多，彙總出可行的方案後，就進入實際執行的「效率時間」，面對時間的態度轉為緊迫、緊繃，希望盡可能排除分心的障礙，迅速收斂到完工。

效率時間需要專注，專心兩個小時能執行完成的工作，比零碎加總起來的兩小時更

多（創意時間則相反，零碎兩分鐘、五分鐘加總起來的兩小時，比死坐在書桌前兩個小時想到的點子更多）。以前很好奇每到截稿期，總編輯時常會從辦公室消失一陣子再出現，後來才發現，主管待在辦公室有太多干擾，只要每個人打擾三十秒，他就無法專心工作，因此常常刻意「離線消失」，專注做完重要的工作再出現。彼得・杜拉克（Peter Drucker）在《有效的經營者》也建議工作者最好能清理出固定不被干擾的專注時間。

此外，所有工作的原則相同，第一次就做完、做對、做好，成本效益最高，反覆修正會帶來額外耗費，讓出錯的機率大幅提升。比如簡報投影片修改愈多版本，裡面的數字與資訊就愈容易出錯。

一旦進入效率時間，要求自己堅持一次做對，肯定能提高工作品質，即使需要更多事前溝通也值得嘗試。但，希望「一次做完」也不代表成果就是鐵板一塊、不接受更改。

聰明的方法是工作途中想好哪些部分可留下調整空間，保持應變彈性，只是最好不要用，僅在狀況不如預期時拿出來應急處理。

以上步驟完成後，記得檢查一次再收工，畢竟自己發現錯誤比被別人發現好。

時間總是不夠，即時完成度無法百分百

許多工作最終不會有充足的時間去完成，總是在來不及又很趕的時限內，以並非百分百的狀態完成，無論創作或工作都是如此。雖然不免覺得「可惜，如果還有多一點時間……」但老實承認，**多出來的時間只會被浪費，並沒有拿去追求完美**——這是我學會不抗拒截稿日期的原因之一。

工作或創作能達到完美，需要天時地利人和等諸多條件配合，或許還要一點運氣才行。但在除此之外的普通時刻，**能以良好的時間控制，完成讓自己和同伴都不會遺憾的工作品質，大家有餘暇去好好過生活**，也夠滿足了。

想達成更健康的工作與休息節奏，讓我習慣回顧使用時間的方式，因為幾次自己嚴重延遲、為合作方帶來困擾的教訓，才發現「創意」和「效率」要用不同的時間感去運行，「想」和「做」也要用不同的節奏提醒自己。

需要創意時，緊張焦慮都沒用，甚至會造成副作用，最好讓精神與體力得到充分休息，適當的散漫、失焦、與工作維持一點空白距離，反而能增加靈光一閃的發生率。但需要執行效率時，帶著專注和堅持才能激勵自己迅速完成，爭取到更多時間休息。

雖然不是每次都能做到，但總不放棄激勵自己，當個準時的工作者，努力不給合作夥伴帶來困擾，尊重每個人的專業。

04

投資和其他人相反的時間，換選擇的可能

——思考「做更少」的價值

仔細想想，時間是什麼呢？物理上，時間確實有定義，但對每個人來說，時間都有不同意義。無論工作、睡眠、旅行、戀愛、探望父母……計畫任何事，想法可以瞬間完成，實際去做卻需要時間。每個人看待事情有不同的優先順序，使用時間的方式也因此有所不同，如此反覆累積，經過的時間就成為不同的人生。

時間當然是一種資源，但也是一種有點特別的資源。我們不用付出努力就能得到時間，相對的，就算再努力也無法讓時間變多；時間無法儲存，無法分享給其他人，甚至無法控制它何時用完，走向生命終點。和金錢、食物、工具等其他資源比起

來，我們都不善於運用時間，一旦意識到這點，就更要提醒自己重新看待人生。

工作的時間永遠不夠用，所以我們都想在固定的時間裡塞進更多行程、完成更多事。增加效率、減少時間浪費的確是重要功課，可是不斷提升效率，感覺好累。最近的我喜歡運用和別人相反的時間，比如在平日人少時出遊，假日人潮洶湧時躲回家開工。**和一般作息時間相反，避開尖峰需求，是自由工作的一大好處**，從投資角度來看，這種時間可能像價值被低估的資產，值得珍惜。

早起有蟲吃，晚起有自由!?

說個小故事，二〇一九年我在尾道旅居時，每天起床通常是自己面對空無一人的民宿，有點冷清，不是因為民宿生意不好，而是我太晚起。室友多半是外國觀光客，以及從日本各地來尾道海技學院進修航海專業的學生，觀光客想玩更多地方自然會早起，而學生上課當然也得早起，只剩我一個賴床王，每天十點多才睡眼惺忪下樓，沒人能打招呼也很理所當然。

在尾道的第三十二天終於難得早起，天剛濛濛亮，腦海浮現工作進行中的點子想趕快記下，就乾脆起床。出房門盥洗撞見其他室友，仔細想想，每天醒來面對空無一人民宿的我，還是第一次聽見其他房客梳洗的聲音，終於有人能互道早安的感覺很不錯，但原來早上刷牙是一件要排隊的事啊？

早起的鳥兒有蟲吃，但晚起的我可以獨享廁所。發現和大家的尖峰時間錯開，有活動更自由的好處，對我這樣的人來說更有效率一點，但對觀光來說就未必。從這個經驗聯想到——

有時我們希望更有效率的運用時間，會不會反過來想，不要有效率、甚至不要做這些選擇，很可能也是一種解決方法？

比如塞車時想找到更快的替代路線；通勤時希望找到離捷運出口最近的車廂，來縮短移動距離、減少電扶梯擁擠的時間浪費；結帳排隊時，迅速判斷哪個櫃檯速度更快……各種搶得先機的方法，會不會乾脆塞車時不出門、別在通勤時間上班改成在家工作、等人少時再去買東西來得更簡單？改變結構肯定很困難，只是思考這類問題時，**或許比起同時「也」做哪些事去填滿時間增加效率，說不定「捨棄」某些事不做，省下時間一樣有效益。**

都說時間就是金錢，但在思考兩者的交換時，我們習慣用累積更多金錢來買更快的時間；可是反過來想，如果不需要那麼多錢，或許就能夠換成與別人相反的時間。有空與有錢，效果在某種程度上可互相替代。

以做選擇而言，去人多的地方有市場，更安全；但往人少的地方，或許能找到被低估的價值。「林中有兩條路，我選擇人少那邊」雖不代表非主流的道路比較好，但保留它的可能性，偶爾做點嘗試，也許會有意外收穫。

空間時間的機會成本

在尾道生活的兩個月，還發生了另一個讓我感受到「時間有價值」的體驗。異地生活的花費比想像中低許多，房租連同日常花費、機票和其他移動成本，總金額大約只有六萬多元——當然是控管每天能花多少錢，平常自己買菜煮食，有閒錢才去喝咖啡吃拉麵的成果。花費低卻得到不少收穫：認識新朋友、增進外語能力、探索遠端工作與生活的可能、更了解一個城市的文化與觀光、甚至與家人分隔兩地也都包含在內。

因為旅居生活太有趣，需要的預算又不高，於是我開始和許多人討論異地居住的可能，結果大多回應是：「我不是沒錢，是沒時間啊！兩個禮拜的假都湊不出來，更何況兩個月？」能不能把工作帶離公司遠端作業是一回事，比起預算和花費，沒有空閒時間才是體驗另一種生活最大的困難。

原來不只有錢是資產，「有閒」也是滿寶貴的狀態。我開始想，擁有更多空閒時間也許是一種能做的投資，畢竟對許多人來說有困難。

如果大多數人選擇賺更多錢、用更多事情填滿時間，那麼反過來想，盡量少賺錢來換取自由時間、保留空間，來讓各種可能發生，應該算是「林中人少的那條路」吧。兩個月異地居住的空間，的確是用不接案賺錢的機會成本換來的，不是每個人都能做出的選擇。

自由工作後，慢慢感覺到錢賺少一點，生活自由一點，做更少事情，也會得到另一種收穫，把自己放在「無論改去做什麼，機會成本都很低」的位置上，就擁有多方嘗試的選擇權。

假設月薪十幾二十萬，要我放棄現在所做的事去挑戰其他可能，機會成本這麼高，我大概沒有意願；但我是不過每個月賺兩三萬就暫停的人，不論新機會何時出現，馬上跳下去做都不會後悔。此外，擁有空閒時間，意味不用「被錢逼著做什麼」，而有餘裕思考「這件事到底哪裡吸引我，為什麼要做？」

能想清楚每個選擇的目的、理由、仔細思考人生該往哪條路走，即使嘗試失敗了也能回頭，反正本來就沒擁有什麼。這樣的人生狀態，似乎滿無敵的。

意識到時間的寶貴，意識到擁有空間也是擁有生活的選擇權（和擁有金錢意義不同的選擇權），這讓我發現，投資在時間上或許能創造不同的可能。選擇擁有和大多數人相反的時間，雖不能肯定是否真的划算，但既然走上這條人少的路，只能努力讓它變值得。

B

減少花費的有趣日子

01

設定收入上限，目標是每年賺更少

——了解自己需要什麼，所以不花太多時間去賺錢

因為人生有許多事可以做，我想盡量避免只把時間用來賺錢。金錢是資本主義社會最方便的媒介，可以用來交換大部分的東西，基於這個條件，用最短時間賺到最多錢是不錯的選擇。但反過來想，其實少賺一點也沒有多麼不便。

給自己設立「賺錢上限」是我開始自由工作第二年，而且每年挑戰比去年賺更少一點——坦白講，這挑戰很難達成，有案不接、有錢不賺確實是人性考驗。可是一旦發現花愈多時間在賺錢，就愈沒空閒去做其他喜歡的事情，就決定暫且把消費欲望排在後面，畢竟自由時間不知何時會結束，若想賺錢以後總有辦法吧。在金錢與物

質生活之中取捨，慢慢找出適合自己的平衡，過程收穫很多。

呃，不想賺錢還有一個前提：**反正我並不擅長賺錢**，無論擁有的技能和所處的行業，賺錢效率都不算高，既然無法與別人競爭賺錢的速度，**那反過來力求不賺錢，會不會是一個可能的突破口呢**？當然，為了滿足生活所需，某種程度以上的金錢還是必要的，只是或許能比想像中更低。

省下金錢，換成自由時間

我並沒有特別壓抑消費需求，也沒有真的那麼斤斤計較花費、很努力壓低物質慾望，光是思考每一筆花費的「想要」和「必要」，衡量自己應該把金錢和時間配置在哪裡，就足夠改變我過去的用錢習慣。後來也發現，消費購物帶來的快樂，經常比不上自己動手創造作品、製作東西的體驗。

自由工作者經常被問到，收入有比上班時好嗎？答案當然是不一定，有人能達成比上班薪水更高的收入，也有人認為自由工作的價值不只在一份薪水，還包含其他許多選擇的機會。在我個人經驗裡，離職後年收入最高還不到四十五萬，最低時不到三十萬，但於此同時，所花費的工時減少更多（也就是賺錢效率有所提升）。雖然收入降低，但一年用在為賺錢的時間可以減少到六、七個月，剩下的日子用來創作、旅遊、讀書、和親人與朋友見面。

不為賺錢的時間，有時也可以賺到一點錢（比如創作這本書在市場上銷售），有時會賠掉一點錢（比如自己獨立發行刊物但賣不完），但整體來看，希望把「為了賺錢不得已……」的狀況盡量從人生裡排除，去保護那些能自由支配、選擇想做什麼的時間。

人的努力和所得，並非正相關

從學校畢業進入雜誌編輯這一行時，我就準備好了捨棄薪資福利、產業前景、公司規模這些現實考量，選擇自己喜歡也有興趣的工作。當初一起畢業的同學進入不同產業，幾年內薪水差別可能是三萬和六萬，這時才知道，原來一個產業的薪資天花板，很可能是另一個產業的薪資地板。工作時的付出不一定反映在薪資條件，而努力和才能也不一定與所得成正比。

一旦理解這點，心情也就能調適。現在我參加同學會，都在一開場先調侃自己：「在場賺最少的肯定是我，如果今天有同學要請客，我第一個跳出來概括承受。」在職位晉升和財富累積的競賽裡認輸，反而有餘裕自嘲，也能體會到一股自在。

有人認為工作就是為了賺錢，累積財富是成就感的來源，投資、創業、享受在資本市場裡競爭勝出的快感；但也有人認為成就感不用來自金錢，日子過得輕鬆悠閒更舒服一點。

學會不用財富多寡來衡量不同的人生，了解努力和收入不一定成正比，把過程和結果分開看，也是一種練習吧。

我從十八歲到四十一歲都騎著同一台機車，出廠年份一九九七，當年香港還是英國領土，喬丹最後一次拿下NBA總冠軍，以使用程度來看，至少還能再騎四、五年沒問題。從機車身上學到，一部機器如果固定讓它運轉、妥善保養與維修，就可以維持非常久，任何物品只要好好使用，就不需要經常換新。

一直騎機車不買車，不是因為節省，而是我體質容易暈車所以討厭坐車，連自己開車都會暈，買車不就是折磨而已嗎？老婆也是暈車一族，我們都挺能享受騎車時的自然風，騎久也就習慣了。雖然下雨天、寒流來襲時騎車麻煩，但，反正在家工作不需要通勤上班，下雨天不出門，或是找大眾交通工具替代，也都是解決方案。

有時也會擔心機車能騎到多老，雖然現在每年夏天還是會騎車到海邊享受陽光沙灘，但六十歲的我還能繼續騎車到海邊玩嗎？七十歲又該怎麼辦？不過，未來應該是共享交通工具的時代，只要在有移動需求時，有能使用的方案即可，似乎也不需要耗費這麼高的成本晉升為有車階級，把省下的金錢換成自由時間，對我來說可能更划算點。

在時間、空間限制下，思考收藏的必要

「想要」和「需要」的考量，在思考要不要換電腦時最具體。目前我的工作用電腦是來自二〇一三年版的MacBook Air，使用六年後為它更換電池，依然足夠流暢使用，雖然每年都被新款電腦挑動心弦，但還是等到工作電腦緩慢到會妨礙生產力時再換新吧！單純物質欲望只是「想要」，但對工作效率的投資則是「需要」，不必節省。話說回來，如果真的堅持減低花費，換電腦時選擇效能和價格比最佳的二手整新機也不難。

許多物品只需要擁有一個，比如背包，因為裡面每個物品都有固定擺放的位置，如果擁有兩個以上的包包，出門前還得把東西抽來換去，很可能為此忘記攜帶重要物品，實在麻煩。同一個電腦包我背了十年，曾經也想買個新的，但又覺得多一事不如少一事，等舊的壞了再換也不遲。挑選新背包前，也必須了解自己的使用需求和習慣，買到適合好用的東西更重要。

再說收藏品吧。站在維持專業技能的角度，閱讀是寫作必要的投資，但閱讀和藏書可能是兩回事，不用特別在乎書櫃收藏量，真的想重複閱讀，或有意義、有紀念價值的書可以留在書架上，只看一次的書乾脆以電子書型態購入，或是讀完就轉賣到二手書店。畢竟閱讀時間有限、房間空間也有限，買書前衡量自己的閱讀能量與空間存量，不要過頭比較好。

《圈外編輯》作者都築響一說：「擁有幾本讀幾百次也不會膩的書，比大量閱讀重要太多了。」大量閱讀對於評論家很重要，但對創作者就不一定。不過也有對比觀點，《黑天鵝效應》作者塔雷伯說，書櫃裡有看不完的書，可以讓自己暴露在「可能接觸到一個影響重大的觀念」的機率裡面，多收藏些沒看過的經典好書或許有意料之外的幫助。總而言之，不希望書櫃收藏無限制的增加，如果能定出書櫃上限，也有助取捨哪些適合留下。

和書櫃同樣道理的是電腦遊戲收藏，雖然總在夏季特價、聖誕特價時忍不住手滑買遊戲，但最後常玩的也就那幾款。許多遊戲躺在收藏庫裡，遊玩時間不到兩小時，真為它們感到不值，也持續讓我練習了解自己適合買哪些遊戲。

設定上限，取捨出個人風格

從前的我穿過許多品牌的鞋，現在終於找到舒服又平價的選擇，從此懶得再換。走路的鞋、跑步的鞋、拖鞋維持各一雙。走路的鞋差不多每年會把鞋底磨穿，再買一雙同樣的遞補，最近發現ＤＩＹ修鞋底的方法，說不定換鞋頻率可以延長到兩年，又可以減少一筆不必要的花費。跑步的鞋有公里數壽命，到了再換，倒是拖鞋竟然已經穿十年，穿不壞的程度令人訝異。

年齡愈大愈少買衣服，我的衣櫃裡有許多十年以上的T恤，加上從朋友處得來的二手衣褲實在穿不完。我不以時尚見長，美感在平均值以下，就算常買新衣服大概帥氣不起來，比起買新衣，如何找到適合自己的風格還比較困擾。

降低生活需求和節儉是不太相同的兩件事。拿吃東西來說，即使高檔餐廳也不會到無法負擔的地步，真的想吃美食還是能去體驗，反過來想，就算每餐都吃米其林等級餐廳，人生大概也不會特別健康、特別快樂吧？擁有在高檔餐廳點菜的自由很酷，但擁有一套對吃的執著、有自己偏愛的口味、口袋裡隨時有隱藏版祕密小店的人，感覺也不錯啊。

有錢能打造許多人渴望的生活，但有風格的人生也不一定需要太多錢。只要不覺得匱乏就是足夠；如果一直想要更多，那麼，再多錢也不夠用。賺更多錢是前往理想生活的一條路，而不需要那麼多錢也可能是另一條路。

喜歡設定上限，因為上限能逼自己做取捨，知道自己能拒絕什麼，就不會被大家追求的事物影響太多，有一套取捨標準比較有機會塑造生活風格。

人的時間有限，比起如何擁有更多，有勇氣拒絕不需要的事物，也許更重要。學會設定「賺錢上限」讓我重新找到金錢和物質慾望的平衡，慢慢開始想為書櫃設定「最多收藏幾本」，幫衣櫃設想「最多存放幾件」，若超過一件就必須先淘汰一件。讓自己做出取捨，才會逐漸了解真正想要的是哪些。挑戰到底多「少」錢能生存，會不會因為這樣的限制，反而得到自由呢？

02

優先累積專業與信用，其次才是金錢

——安全感與成就感，不一定透過金錢達成

有一年異想天開，想到台北近郊租個工作室兼種菜，過著半農半寫作的浪漫生活。尋找租屋時，發現郊外大多是全棟透天厝，不小心對房東說出：「只有老婆跟我兩個人，房子好像有點太大……」想不到房東秒回：「哪有人嫌房子大，你是預算不夠嫌太貴吧？」

房東說，屋子大住起來才舒服，不怕東西沒地方放。可是我也沒那麼多東西可放，更不喜歡空間被物品占據。話說回來，雖然認為生活不需要那麼大空間，但也包含不想超出預算的小市民複雜心情，最後找不到適合的租屋，就把郊外浪漫生活的預

算，改用在兩個月的瀨戶內海尾道小鎮旅居，也得到另一種生活體驗。

除了「賺更多」之外的解決方案？

沒聽過有人嫌房子太大、嫌錢太多，可能是很習慣用「更多」來解決問題。家裡東西放不下，住更大坪數就好；手機照片太多存不下，換大容量就好；電腦硬碟空間不夠，買更多雲端儲存空間就好，雖然不知道裡面存放了什麼，總之先放著，等有空整理再說。不過，很可能有各種意義上的大空間之後，就失去整理的動力。

所謂拚經濟的概念應該如出一轍，先別想國民所得幾萬美元才夠，趕快發大財再說，賺更多錢才能換更大的房、更好的車、更新的手機與電腦，可是要成長到哪個地步才算足夠？不太有人鼓勵去思考這件事。即使沒想需要多少錢才夠，先賺錢也總沒錯。而直銷業者擅長用夢想激勵大家一起加入致富行列：「你有夢想，但沒錢實現對不對？加入快速致富的行列就能圓夢囉！」可是，當你反問他實現夢想需要多少錢才夠？是一百萬還是兩百萬，一千萬還是兩千萬？能說清楚的人也不多，因為不太確定夢想是什麼、實際上要怎麼做。

賺錢多半是為了安全感、成就感。不過，安全感和成就感也不是只能透過金錢達成。

離開社會主流的職場晉升道路、開始自由工作後，慢慢發現**比起爭取高薪、累積財富，我更想累積專業，以及用專業在市場上換取金錢的經驗，培養獨立生存的能力**。這樣的能力，比起金錢更讓我感到安全與成就，所以很想試試看，而且實行起來感覺還不錯。

如果不需要錢，那不賺錢也沒差

不賺錢，不會焦慮嗎？可是賺很多錢的人如果需要花更多，也未必就能安心。財務安全感來自物質欲望和收入的比例，收入能支付想要的支出，加上現金流又是正數的話，人大概會比較安心。

如果把物質欲望當成分子，收入當成分母，因為物欲高（分子大），所以想辦法增加收入（分母也要大），但反過來想，只要物欲夠低（分子小），那麼收入少（分母小）也能保持收支平衡，財務安全和賺多少的絕對值並沒有太大關係。如果不需要錢，那不賺錢也沒差，可難就難在，資本主義世界裡，金錢實在滿好用的，所以大家還是喜歡累積金錢。

錢可以買時間、可以買別人的生產力。比如高鐵票比客運貴，因為搭高鐵九十分鐘可以到，搭客運可能要四小時，是否願意花錢買時間，就看你覺得划不划算；花錢可以請人做事，購買對方的能力去完成自己的欲望，同時自己還可以去做別的事，比如老闆能付出員工的薪水，換取員工的時間和技能以完成公司目標。趕快賺到很多錢，就能省下時間，善用別人的專長，就等於擁有各種選擇的力量。**但我喜歡反過來想，如果有什麼欲望，盡量用最慢的方法、自己動手去完成，那就不需要太多錢**。假設花錢買高鐵票可以九十分鐘到台南，而我可以不跟人比快，反過來想更慢的方法，比如花四天慢慢騎車到台南，只要空閒時間夠多，或是順便在途中做其他有趣的事，享受旅程也不賴。

花錢能買到別人的服務，沒錢就試著自己動手。上高檔餐廳是花錢的選擇，自己慢慢學手作料理是不用錢的選擇，也許很慢、很沒效率，但如果是有趣的事情，花時間去做也不會吃虧到哪裡去，說不定還能學到許多。用錢可以買一張工作桌，但不用錢也可以試著找被丟棄的二手書桌來改造，從材料到工具都用最低成本的方式解決，只是需要時間慢慢搜尋、並且弄清楚自己想要哪些功能、什麼風格的書桌。

世上應該有很多不用花錢的辦法，只是要有閒情逸致去慢慢做、慢慢想。如果我沒本事快速賺大錢，跟人比快、比奢華，那就反過來把日子過得更慢、更悠哉，好好研究那些不用錢的方法，也能活得不錯吧，搞不好也是一種用肉身抵抗資本主義的方式。

不花錢也能做到的方法

《圈外編輯》用一章談「窮人的武器」，作者都築響一說，如果他有上千萬財產，當然也想自己創立一本雜誌，但正因為沒有，所以採取成本最低的個人付費電子報，反而更能自由自在地報導想製作的議題。雖然代價是直到六十歲還是每天採訪寫稿，與他同輩的編輯都已經是媒體高層了，但他認為持續身在第一線才是自己想要的，所以並不後悔。

也在《素人之亂》看到日本造反天王松本哉如何用創意搞社會運動，在高円寺用維修二手家電、打工換宿聚集各方有趣人物，讓沒落的商店街熱鬧起來。即使沒資源，不，正因為沒資源才能想出不需要錢的方法。

以前的我會想，如果有錢，就能常常飛出國聽偶像演唱會，也可以創業開出版社，因為沒錢，所以許多夢想實現不了。現在卻更希望找出各種不用錢也能做，不，可能是「正因為沒錢」所以才能做的方法，馬上可以動手做，只要讓做出來的成果能賺得到錢、維持營運，不也是一種解決方案嗎？

如果沒錢出國聽偶像的演唱會，那辦一場演唱會邀請偶像來表演不就好了，前提是要有企畫籌辦、付出酬勞、找場地、召集同好、賣票最後收支打平的能力——先別說誇張，去查一下偶像表演每場酬勞多少，在怎樣的前提下可能邀請到，如果價碼超過負擔，會不會偶像其實不缺錢，但可能被商業以外的因素打動？想像力是貧窮的好朋友。創業固然需要錢，但如果真的有想做的事，發起群眾募資來製作不也是一種可能性？

創意來自於限制，而不是用不盡的預算。擁有創意與專業，以及運用它們在市場上換取金錢的能力，是我最想具備的技能。

只要隨時能在市場上換取金錢，那麼也不需要先累積財富才能投入興趣，盡量去做喜歡的事情，想辦法賺到能夠持續運作的金錢就可以了。運用自己的勞力和創造力去生產作品，放到市場上嘗試生存，這挑戰很有趣。思考自己到底有什麼能力能讓市場買單，願意付錢交換，任何可能我都想逐一嘗試，只要能用自己的能力生存下去，做什麼都可以。

知道自己擅長哪些、不擅長什麼，就不用浪費時間在別人專長的領域作戰，選擇做自己有興趣的事，先減少金錢的需求、提升存活機率，再想辦法開拓用專業換金錢的能力，如此應該有機會持續下去。就算最後不幸失敗，只要過程足夠滿意，人生大概也不需要後悔了吧。

因為曾經花太多時間在工作賺錢，導致生活沒有剩下其他時間，我對這樣的日子感到不耐，所以決定脫離物質欲望，稍微停下，找出自己面對金錢的適當定位，慢慢找尋能持續從事興趣的體制。把人生過得多一點理想，可能並沒有那麼困難。

03

為錢、不為錢的工作，都能做，也都要做

——用「為不為錢／有不有趣」四個象限區分工作

關於工作和金錢的思考，一直以來最困擾的問題是：「**上班為了賺錢，要忍受許多無意義又瑣碎的雜事；但不上班只做有興趣的東西，又養不活自己**。」我在上班族時代，即使從事很喜歡的編輯工作，但工時裡面有很大比例是用在漫長的開會、例行又機械化的事項，每件事情都在趕，救火都來不及，就別提哪來多餘精力去嘗試有趣的新東西了。

即使年資增加、薪水變高，每天做的事情卻離興趣愈來愈遠，和同事聊天總在自嘲：老闆付錢當然是要我們去做他不想做的事，領薪水就當精神賠償。不滿意上班

人生，但如果放棄這份薪水，又懷疑自己是否能活得下去？就這樣卡在原地不動，過了好多年。

成為自由工作者之後，我時常為了一個案子該不該接，苦惱許久，不接怕沒收入，接了又怕是地雷案做得好痛苦。累積幾年經驗後，才學會要把「為了錢」和「有意義」的工作分開看，用「為不為錢／有不有趣」四個象限來區分工作，找到面對金錢和工作的方法。

「把事情做好」和「賺到錢」應該分開看

先稍微岔題一下。剛出社會時，一直以為「把事情做好」和「賺到錢」能夠畫上等號，比如努力工作的員工就會得到升職加薪；比如這次專案很努力服務客戶，下次客戶就會花更多預算來合作；創作者努力把作品做好，在市場上就會賣得好。然而許多時候「把事情做好」和「賺到錢」應該分開看。

舉個例子吧。如果我想開一家餐廳，堅持用好食材、給員工好待遇、讓客人有舒服的用餐環境，為了這個目標，甘願降低一點獲利（如果還有獲利的話），最後可能會得到一間很溫暖的店鋪；但另一家店精算成本效益、看準商圈人潮、注重翻桌率來達到利潤極大化，很可能比溫暖的餐廳更賺錢。顧客覺得溫暖、老闆自己也很喜歡的店，和能賺錢的店是兩回事，不要混為一談比較好。

為了把事情做好的那些選擇，很可能是賺不到錢的原因；為了賺錢所做出的取捨，很可能也是最終事情無法完美的源頭。世界很公平，想把事情做好的人會把事情做好，想賺錢的人會賺到錢，如果只想把事情做好卻夢想賺大錢，那就太天真。雖然賺錢沒有想像中簡單，但反過來說，把事情做好一樣也不容易，雖然不是把事情做好就能賺到錢，但也不是光有錢就能把事做好。

「為不為錢／有不有趣」四象限區分工作

離開正職工作後，一面接案賺錢維持生活，一面設法空出時間留給創作，慢慢學會為了錢的工作要狠心計較成本效益，而為了理想的創作則可以賠本經營，兩者必須分清楚。在應該賺錢的時候不顧成本，只會讓自己窮忙不已；在該用真感情的作品去計較報酬，則很容易有不健康的心情。

為了賺錢，以及單純為興趣的工作，都能做，或許也都應該做，因為前者支撐我的生活所需，後者讓人生更有樂趣。

設法在光譜兩端之中找到自己能接受的平衡點，是生涯的重要課題。所以我開始用「有趣／無趣」「能賺錢／不能賺錢」為兩軸，拉開四個象限，從更立體的角度來思考，試著組合搭配各種工作，打造出理想的工作型態（請見圖5）。

可以從圖5的象限圖，可以看到四種範疇：

1.「有趣／又能賺錢」：是最好的工作。應該盡量努力往右上角前進。
2.「無趣／但能賺錢」：為了賺錢維生的工作，請拿出專業和效率解決問題。
3.「有趣／卻不賺錢」：純興趣的創作，各種實驗。做了說不定能產生其他機會？
4.「無趣／還不賺錢」：機械化的例行公事、冗長的會議等，請勇敢拒絕。

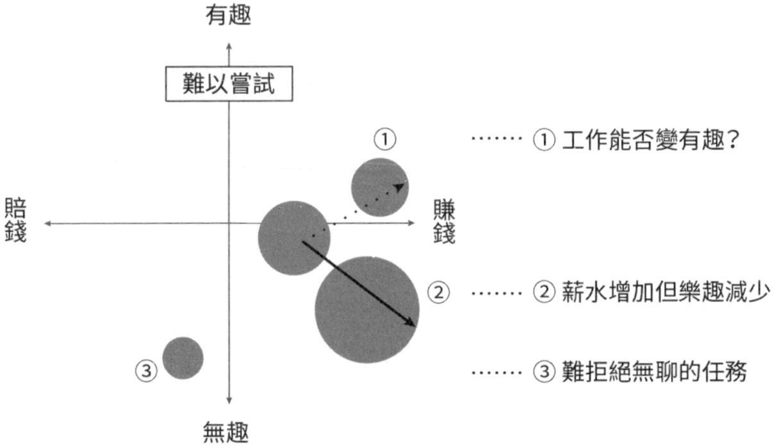

圖 5：上班時的情況。

上班有薪水，工作基本上不會賠錢，但若從機會成本的角度來想，有些明知不妙的任務，身為組織的一員卻很難拒絕。比如整理報帳需要的單據，填各種表格，開完會沒有人追蹤進度、工作也沒進展，時間到了卻又要開會……這些無趣又不賺錢（圖5的第三象限）的任務，讓人心力交瘁，如果占比不大還能勉強忍受，如果比重太高，不禁懷疑為什麼浪費人生。

理想的狀況是把工作內容往「有趣又賺錢」（圖5的第一象限）移動，能夠向老闆提案爭取資源，去完成對自己和公司都有益的挑戰。非常羨慕能做到的人，上班族時代的我，有趣的想法當然有，但大多沒能說服老闆，或是自己也沒有多餘精力去做。等到職位上升、薪水提高，雖然能用的資源變多，工作樂趣卻一天一天減少，更多時候是為了錢而作，慢慢往圖5的右下角滑動。

有人秉持工作就是為了賺錢的精神，但我希望除此之外工作也能帶來樂趣，甚至為了樂趣犧牲一些金錢也沒關係。直到成為自由工作者，才重新思考當初的掙扎過程，決定做出調整。

為了錢工作，最後也只賺到錢而已

剛開始接案為了求生存賺錢，我什麼案子都接，還是每天熬夜寫稿趕工。後來驚覺這和上班有什麼不同？只是以前沒得選，現在卻自己搞砸人生，而且賺的也沒比較多。

首要原則：**勇敢拒絕「無趣又不賺錢」工作**（圖6的第三象限）。自由工作者有挑選工作的權力，面對預算剝削人、內容又沒意義的案子，不但不符合機會成本，做愈多只會陷在窮忙循環裡死得愈快。注意這類工作時常以熱情為名，要求工作者付出時間精力，卻只付很少的錢、甚至不付錢來剝削你的創意。如果想做無聊的事，

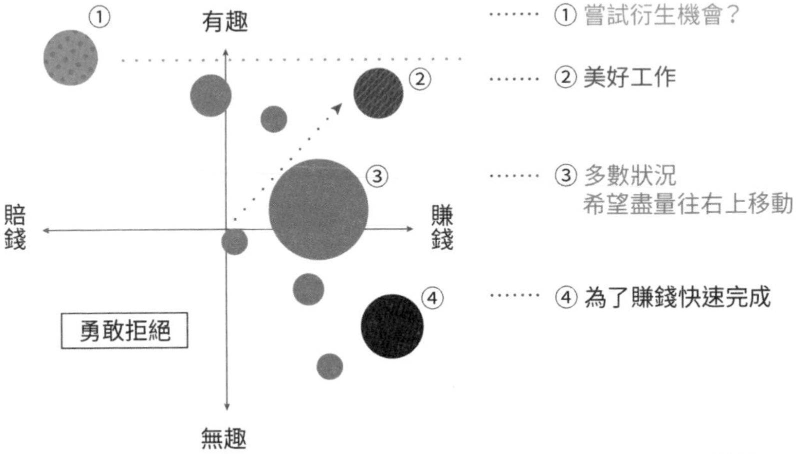

圖 6：自由工作時的情況。

找個薪水高一點的公司去上班，至少還能賺到保障，千萬別想不開，被人欺騙還毀了工作熱情。

下一步為了賺錢活下去，**必須做那些「不那麼有趣但酬勞很高」的工作，但注意不要當成藝術作品**（圖6的第四象限）。貢獻專業為客戶服務不是搞創作，目標是客戶能否解決問題，而不是工作者主觀的美學。創作可以堅持己見又慢吞吞，但商業案件有明確的執行目標和專業需求，需要用最短時間、最快效率完成。釐清目標，用客觀角度檢視解決方案，請拿出十八般武藝讓大家都輕鬆省事，讓自己也能累積各種經驗。

區分出哪些工作值得做、哪些該拒絕，是長久持續的關鍵；而練習提升專業來爭取更高收費，是自由工作者的必經過程。

好消息是，能賺錢的工作（圖6的右半部）不一定都很無聊，有機會**遇到「有趣又能賺錢」的工作，真的讓人想跳著舞步完成**（圖6的第一象限）。我曾有機會和頂尖總編輯合作專案，雖然壓力大到昏倒，但因為機會可遇不可求，費用還很不錯，根本求也應該求來做，更別說能收到費用真是太好了。又比如有機會接案採訪業界景仰以久的前輩，能夠學習工作方法還能賺到不錯的稿費，令人體會到工作的美好。這些機會遇到一定要把握。

當然，有時候也會出現**酬勞沒多少，但實在太好玩的工作邀約，這類「有趣卻不賺錢」的工作，也願意排時間去做**（圖6的第二象限）。比如能藉機認識有意思的人物，或和以前做過的工作都不一樣、領域跨很大，又或者是連自己都沒想過能做的事情，就算沒有遇到邀約，也想每年固定安排時間主動嘗試。諸如此類，嘗試為自己有興趣的事物創造收入來源，慢慢讓工作往右上角移動，我希望能具備這種能力。

不為錢的工作，可能帶來意料之外的機會

當然有些好玩的工作，本身就值回票價。面對這類工作，講真感情，不用金錢做衡量標準，雖然報酬很少（比如友情贊助）或甚至沒有，反正最初就不以金錢為目的，在意的無非是能否享受過程、做出滿意的成果，或開拓不同的視野、認識有趣的朋友。

個人經驗中，這些單純為樂趣，不為賺錢，有時甚至要自己花錢投入的事情，計較成本效益絕對不划算，但會以奇妙的形式、在未來某些時候帶來回報。從功利角度來說，也許這種工作不該稱為「有趣卻不賺錢」，而要稱為「對未來生涯的投資」才對。投資有賺有賠，生涯投資也一樣。**或許投入不成比例的時間和精神，只做出一件看不出成功還是失敗的事情，但正是這種願意付出真感情嘗試錯誤的努力，才能找出嶄新的生存之道**，而不是每天重複被規定的例行事項，在計算成本效益之後，只能按下唯一的選項。

工作當然可以是為了賺錢，但也可以不只為錢。為了錢的工作，常常只賺到錢；但

不為錢的工作，有可能帶來意料之外的機會。有些工作無聊，讓能我賺錢維生；有些工作有趣，酬勞也不錯；而有些工作不為錢，但可能衍生無法預期的機會。這些許許多多工作組合起來，就構成我的生活。內容不是一成不變、被某個體制規定的，而是有機會根據自己的選擇，慢慢做出調整。

我希望能一天一天打磨工作，逐漸往圖表右上方「有趣又能賺錢」的方向前進，如果能做到，非常好，就算做不到，在這段自我實現的過程中，也會覺得不虛此行。

04

賠錢為目標的專案，得到金錢外的收穫

——學到創意和生產、定價與銷售，還認識志同道合的朋友

如果有八萬元閒錢，你想做什麼？八萬元說多不多，說少不少，少到可能買不到一部機車，但也多到能讓一個人活三個月；可以和喜歡的人出國玩一趟，買新電腦提升生產力，或購入一直想要的家電用品。

面對這種程度的金額，以前的我多半會用來投資，捨不得花，二〇一八年才扭轉想法：**一直以來都等著接案賺錢，現在能不能自己用錢創造工作呢？**只要能成功回收投入專案的成本，就等於發專案給自己做，而非被動接受別人委託。

「當自己的老闆」一直是我心裡的期望，但過去太專注於「如何賺錢」，卻忘記了「如何運用金錢」。

接案有時會覺得酬勞太少根本剝削人，或批評老闆不懂尊重專業，這案子根本不該接。可是一直說別人壞話的我，到底做了什麼來改變現況呢？不論批評是否合理，只要我能創造專案給自己，就不用受制於「沒案子就沒收入」的窘境，自己當老闆不就行了嗎！

嫌案主給的酬勞少，就自己當案主發薪水；嫌媒體難看，就自己製作內容把成果推到市場上販售。抱持這樣的目標，我第一次花錢創造專案，雖然最後賠本收場，但最初就不以賺錢為目標，得試試自己能創造出什麼，期待下次繼續改進。在此回顧這場在金錢定義上的失敗，卻在金錢以外收穫滿滿。

這是一場花錢也買不到的寶貴經驗，自己動手做的過程中，我學到創意生產、定價銷售的經驗，還認識了新朋友。

拿血汗錢製作商品，學習承擔風險

二〇一八年我製作了人生中的第一份小誌（Zine），小誌相對於商業發行的雜誌（Magazine），是把刊物的規模和成本縮小，不需要公司或團隊，只要一個有趣的題目發想，隨時都能獨立製作的刊物。可以簡單到創作者用手寫、去便利商店影印限量二十份；也可以精緻到選擇不同尺寸、厚度、塗佈的紙張，委託印刷公司用特別的方法製版印刷。成本可以很低也可以很高，就看創作者的意圖與選擇。

原以為掙脫接案的束縛，終於能想寫什麼就寫什麼，創作會很快樂，沒想到根本沒有這回事。完全自由的創作很困難，因為失去所有藉口，一切只能真心相待。不能說因為老闆不要我的點子、妥協之後內容變難看；也不能說被截稿死線壓迫，沒時間好好耕耘內容所以狀態不完美。我就是老闆，作品成果代表自己，所以過程中每個決定都充滿掙扎、也害怕投入的成本最後無法回收。

賺錢時只需要在乎工時換算所得是否划算，但花自己血汗錢做作品時，才感受到承擔風險究竟是怎麼一回事。畢竟這八萬元預算，是我努力工作賺來，大可以用來出國旅遊、買東西，甚至投資，但我放棄了這些機會，如果把錢賠光怎麼辦？

決定製作主題我就猶豫許久，最終決定：「先不考慮市場和回收，預算賠光也不在乎，做出喜歡的東西最重要！」便不以收支平衡為目標，決定以自己的「九〇年代少女回憶」為主題，回顧青春期迷戀的日本偶像、看過的日劇、聽過的歌，把好想寫、好想讓大家知道的內容做出來，至於能不能賣、要賣給誰以後再說（做法不智，但結局有收穫）。

花錢去做才能學到的事情

確定主題後還要決定形式，找設計師和攝影師朋友一起討論，最後想出「CD專輯＋歌詞本」的九〇年代懷舊形式，撰寫內容並且挑選J-Pop懷舊歌曲，比起單純紙本刊物引刷，要做成CD盒裝（還有一片塑膠製偽CD，掃上面的QR Code可進入YouTube播放清單）和一本小冊子，會讓印刷成本暴增，大幅降低回收成本的可能，可是點子實在太有趣，即使賠錢也管不了那麼多。

感謝設計師以友情價接受委託，攝影師甚至不收費，只要下回免費貢獻專業幫他一次忙，而我自己則負責寫內容和編輯（當然沒薪水）。最後找印刷公司挑選紙張和印刷方式，花了七萬多元總預算，將近三個月的工作天，製作兩百份很像CD專輯的九〇年代回憶小誌。雖然第一次看到自己主導製作的成品真的很感動，但要怎麼賣，怎麼回收，才是重點。三個月製作期不但推掉接案賺錢的機會，還要自己花錢投入，感受到機會成本的壓力，如果這段時間拿來寫一本書至少還有版稅；如果這些錢拿去出國玩，不知道有多快樂……，以下簡短分享當時完成之後的自我問答：

- **作品完成，開始煩惱銷售，定價怎麼辦**：害怕價格訂太低會賠本，另一方面又害怕價格訂太高會賣不出去。從成本看，任性做成CD專輯的形式結果成本暴增，每份印刷成本就兩百五十元，還不包括給設計師的費用；從市場面看，大多數在市集販售的Zine，定價都在三百元到三百五十元左右。最後定價三百五十元，雖然註定兩百份全賣完都無法回收，但比起這個，我更害怕太貴賣不出去。

- **產品該在哪裡賣，賣給誰呢：**和設計師一起報名書展的Zine攤位，在三天展期中大約賣掉十幾份。如果一天賣出五份，等於日薪一千元（還沒扣成本），顯然不太划算，不過參展擺攤很好玩，認識其他的創作者，大家又一起相約參加年中、年底的兩場市集活動。

此外，也是我第一次在網購平台上架商品，自己找獨立書店、咖啡店寄賣作品，經過一整年實體、線上的銷售，最終總算賣出六成左右，回收大約一半左右的投資金額。

即使這麼微型規模的嘗試，都讓我學會好多。**從製作產品的角度，終於了解任性的創作者很可能就是賠錢的源頭（我就是如此）**。創作時只想隨心所欲，但不考慮市場、不想管成本的企畫，最後很容易陷入難以回收的結構。不過話說回來，只要損失還能接受，就當花費三萬五千元，買到了從製作、印刷、擺攤、販售的寶貴經驗。

擺攤時，直接面對顧客猶豫的眼神

過去寫作，我只需要面對自己、面對編輯，還有少數在出版前看過作品的朋友，直到花錢製作商品、走進市集擺攤，有機會直接面對顧客，能從讀者的眼光重新看待自己的創作。

毫不考慮市場性、無謀製作的小誌，原本盤算能賣給有共同回憶的人（青春期在九〇年代的大叔之類），市集擺攤才發現來逛的人多半很年輕，值得珍惜的第一位顧客說，小誌設計成CD專輯的概念很有趣，所以他想買。

「製作者的預期」和「消費者購買動機」可能是兩回事，成為我擺攤學到的第一個收穫。

因為害怕作品滯銷，凡有人拿起小誌樣品，我就拚命找機會搭訕（說好聽是努力蒐集市場資訊）。有些人會對我露出「謝絕推銷」的表情，也有些人願意跟我聊上幾句，甚至，還有人認出我的聲音而詢問：「欸，你是不是之前有出一本離職的書？」

擺攤時，有些快手客人看兩秒就買，掏錢速度之快讓我來不及問原因；也有客人翻翻樣本就放下，沒想到一個多小時之後又繞回來，說預算有限但忘不了這份小誌，願意把今天皮夾裡剩下最後的錢留給這個作品（實在太感謝）；還有人因為「裝訂和印刷很精美，看就知道你賣這價格不會回本，想說支持一下」而買，原來真心還是會被看見。

最後發現，市集大多是年輕設計師來逛，對九〇年代主題有興趣的人雖然不多，但對小誌設計和製作有興趣的人不少，所以購買作品的人幾乎都想知道這份Zine的設計師是誰，我也認真幫設計師朋友宣傳。

此外，總計兩天擺攤，因為工作的關係我只能到場一天，隔天是朋友幫忙賣。原以為自己努力叫賣會讓營業額高一些，沒想到兩天販售量幾乎沒差，原來逛市集的人根本不需要推銷，他們自己會選擇喜歡的創意。幾次經驗後學會，不同市集的客群也不一樣，有些是設計師為主的小眾，也有涵蓋編輯、印刷、獨立刊物愛好者的大規模市集，在不同場所與通路，購買動機也不同。

以上經驗其實都是行銷學常識，不是什麼大道理，但從課本裡「知道」，和用自己的血汗錢製作販售的「體驗」卻完全不同。能和客人面對面交流、親手收錢、交貨的經驗，既豐富又立體。

和購買的客人找話聊，有時能找到同好加好友，有時會被嫌棄多嘴；親眼看著別人拿起自己的作品，猶豫著要不要買，最後還是放下，體會到「市場」的珍貴。實際擺攤販售的市場，和經濟學課本裡的市場；在銷售第一線和客人眼神接觸，和在辦公室看行銷數字的感覺，完全不同。因為確認過客人猶豫的眼神，讓我知道創作不能無謀，從市集走回書桌，又有力氣面對下一次創作。

製作作品，也拓展生活圈

花錢雇用自己創作小誌的專案中，最後也有極大的收穫，是認識許多一路同行的朋友。以前上班總覺得生活圈很窄，每天相處都是同事，即使業務往來認識的窗口，離職後也少有機會再聯絡。現在發現，只要動手做自己喜歡的事物、用心創作，就會遇上志同道合的朋友。

為小誌尋找印刷公司時，我認識了把印刷當志業的朋友；找尋寄賣店面時，認識了咖啡店主、書店經營者；因為參展擺攤，認識了其他攤主，有些創作者本業是影像製作者、攝影師、設計師、編輯人、還有來台灣念設計系的留學生，大家一起布置攤位、輪班擺攤幾天，途中的閒聊、支援和失誤，即使最後銷售額無法回收成本，但如果當初沒有動手做作品，就算花錢也認識不到這些新朋友。

在接案工作的經驗中，我發現那些為了錢而接的工作，常常也只賺到錢，但那些出發點不為錢的工作，可能會帶來某些意想不到的機會，給生活全新的體驗，光是這些收穫，已經值得我再花錢為自己創造工作。不要只出一張嘴抱怨老闆，自己動手花錢當老闆試試看！

關於「小誌」超負責報告書

前一篇文章是記錄 Zine 推出後，我所得到的回饋，而這一篇則是真實分享總共花費。有時候在做出熱血舉動時，偶爾也要讓理智回神，有了實際的支出，才能去推敲日後該怎麼進化自己想做的事情。

項目	內容
小誌售價	一本350元。
小誌總花費	大約7萬元，最後回收約3萬9千元， 虧損近3萬1千元。
製作成本	平均每份成本350元。 (印刷200元、設計150元、編輯撰文是自己免費勞力)
銷售與回收	製作200份，銷售約120份。 (扣掉給寄售單位的抽成、網路寄送成本，回收大約3萬9千元)
製作與販賣時程	從企畫、製作到印刷，斷斷續續大約半年。完工後，三次市集擺攤，還有學習在網路商店上架販售等等……，總計花費64天。
成果評估	以過去八年的接案狀況，換算平均工作一天收入約2500～3000元，如果不做這份小誌，而將這64天都用在接案上，或許能賺取16～20萬元(當然也不是說案子能立即接到)，或許可以推測這份小誌的機會成本大約是落在16～20萬元。 雖然虧損近3萬多元。但，學到了自己定價、企畫、製作、販售，還有認識新朋友，這段特殊的過程，是無價的。
是否要繼續做下去？	OK！

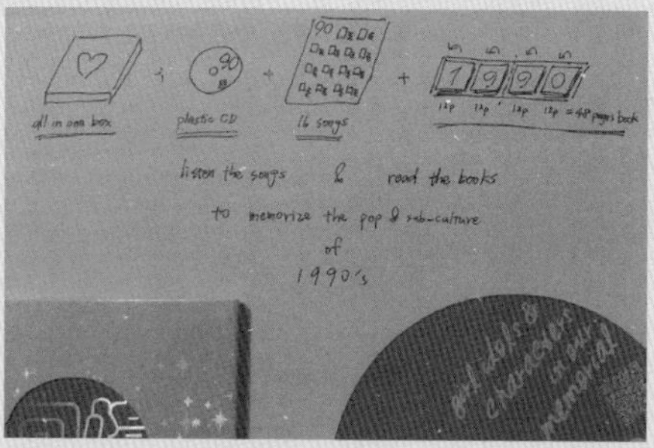

小誌初發想的手繪草稿。

小誌的內容，仿造CD盒的設計，有偽裝CD、歌詞本、摺頁文字，外盒還用愛心鏤空。

歌詞本的內頁設計。

歌單16首與偽CD。

歌詞本封面、外盒皆用燙銀加工。

若不想人生被金錢控制，要怎麼花在喜歡的事情上？

──金錢到底是什麼，怎樣才算有錢？賺錢是為了什麼，能讓社會變得更好嗎？不想賺錢有錯嗎？你如何看待貧富不均的社會現狀？財金系畢業、熱愛投資與閱讀的年輕研究員，以及放棄資本世界、年過四十的文字工大叔，兩人會擦出什麼火花？

四十世代初老作者 vs. 二十世代投資研究員

對談人｜劉揚銘

經濟系畢業的四十世代，畢業後沒進金融業，到商業雜誌當編輯，過勞離職後成為自由工作者，將上班與辭職的掙扎、接案與獨立工作的經驗寫成書籍分享，經營「工作即生活：劉揚銘」粉絲專頁。

工作即生活：劉揚銘

對談人｜林旻毅

臺灣大學財金系剛畢業的九五後，大學開始投資操作，畢業後進入Fugle富果擔任研究員，個人經營「Min的投資說書小棧」粉絲專頁，分享投資、產業資訊與每月閱讀書單，商業、歷史、人文書籍都有涉獵。

Min 的投資說書小棧

（本文為誠品書店《提案》2020 年 11 月號「超現實金錢遊戲」專題之採訪對談。）

Issue 1

投資市場與人性貪懶

劉揚銘（以下簡稱劉）：你曾經一年賠掉一半財產，是怎麼回事？

林旻毅（以下簡稱Min）：第一次投資是大二剛開學，用打工賺來的錢大概二十萬去操作，結果第一年就賠了十萬。那時什麼都沒有準備，就跳進去亂玩，做當沖第一天賺了八千塊，很爽，第二天第三天繼續，有天股票直接跌停，一天就賠了四萬塊。

當下覺得眼前一片黑，怎麼手機按一按就變成這樣？財產有一半不見，感覺很絕望，後來慢慢去想為什麼會這樣，累積知識經驗、慢慢賺回來。加上後來打工、家教、實習的薪水再投資，到現在大概有一百多萬，投資的年化報酬率大概二十幾接近三十趴左右。但我股齡才三年，還不長，而且最近市場很好。

從股票市場看到人性就是又貪心又懶惰！人都想賺很多錢，又不想慢慢來，因為懶惰，就想聽別人的消息、跟別人就好。因為想賺快錢，所以漲就快賣，想把錢收回口袋，結果常常錯失更大波段；跌又反而鴕鳥心態，想抱著有一天重返榮耀，覺得沒賣掉就沒輸。

劉：那你怎麼克服這些人性？

Min：沒有人可以完全克服吧，只能盡量減少。要有自己的觀點和判斷。我喜歡投資，

第一個是投資成功，得到獲利的快感；第二個是知識上的獲得，因為投資會大量接觸不同資料，要去閱讀、分析、找出別人沒發現的東西。在這過程中，看事情的觀點也會變得比較不一樣。

假如投資成功，很賺錢，又得到產業上的知識，我覺得蠻划算，因為一般是要付錢去學知識。當然前提是以價值投資，跟著公司本身成長，必須知道這間公司在幹嘛、了解法規、產業動向，並不是只關注價差、炒短線那種。

Issue 2 資本主義的勞資糾葛

劉：投資一天可以賠或賺到打工好久才累積的錢，你怎麼看待用勞力賺錢，還有用錢賺錢這兩種感覺？

Min：回到資本主義的定義，是讓資本增殖、利潤最大化。這框架下會產生兩種角色，一種資方，一種勞方。我兩種都做過，假如是勞方，選一份工作，可能在意薪資福利好不好，其他不關我事；但投資就是持有公司股份，成為股東，不可能還在計較工作一個小時有多少錢？而是去想怎麼讓公司賺最多錢，在市場上存活下去，怎麼成長、控制成本、在市場裡抓到機會，才會有更多錢來分配給員工或股東。我覺得**如果想把世界看得更清楚，應該站在資方立場**。

劉：我想挑戰一下，**如果你知道一家公司是黑心企業，但你買它的股票會賺錢，那你會買嗎？**

Min：長期投資來看，如果血汗工廠賺錢，代表公司應該有在成長，我可能一開始還是會投資。但如果公司一直賺錢卻沒有轉而去照顧勞工，就不是一件好事。假如我有足夠的股份和影響力，可以在股東會或法說會去督促經營團隊；如果最後還是沒改善，那我覺得這間公司也沒有投資價值了。**這不單是道德問題，假如公司有賺錢卻還是一直壓榨勞工，那它並不值得信賴**。結論是我還是會投資，但會去觀察它有沒有改善。

劉：所以你覺得，透過投資，能讓世界往更好的方向走？

Min：這是要在有一定影響力之後，比如買下公司百分之二到三的股份，可以影響管理層。假如我覺得一間工廠很血汗，想要把它變得不血汗，那我就把財富都去買它的股票，股權到一定程度，在董事會或股東會去藉機改變。

劉：曾有大老闆對我說，他出國參加商展，一個晚上就跟客戶談下百萬美金訂單，很得意自己開公司賺很多錢。但他工廠生產線輪班勞工，一個晚上只能賺多少而已？你當然可以說自己很厲害，但**我不覺得員工付出的努力和心力比老闆低多少，可是他們獲得的報酬卻天差地遠，這我有點無法接受**。

Min：資本主義的缺陷是財富分配不均，一定會有勞工被壓榨，有錢人愈賺愈多，最後財富掌握在少數。要解決，我覺得只能透過投資去影響，**不可能上街抗議說分配不均，資方就對你很好，一定要變得比公司更有影響力，才有話語權**。不過，回到老闆和勞工付出一樣時間，報酬卻天差地遠的爭議上，我覺得這是因為兩者的機會成本，以及承擔的風險完全不同的關係。例如，老闆需要承擔公司倒閉的風險，還有養員工的責任。雖然他們看起來都付出一樣多，但兩者所承擔的風險卻是天差地遠，我想這也是為什麼老闆的報酬會比較高的原因。

Issue 3 有錢的定義？

劉：話說回來，你覺得怎樣才算有錢？

Min：每個人對有錢的定義都不一樣，但共通點應該是希望買東西不被金錢控制。就算不工作，帳上的錢還是愈來愈多，投資的被動收入已經大於日常生活需要。當然前提是欲望要符合實際，如果不符合現實，永遠會覺得錢不夠，像很多有錢人覺得自己很窮，但也有人小康就覺得很滿足。

好了，換我問你，你說你一個月賺三萬塊就不賺了，其他時間拿來幹嘛？

劉：三萬塊只是個比喻，就是達到最低生活成本就不賺了，我今年賺更少。**因為對賺錢沒什麼興趣，所以想盡可能不花時間在賺錢，要花在喜歡的事情上**，比如寫作。當然寫作有時候也可以賺一點錢，只是換算起來賺錢效率低落，所以策略就是精算生活花費，達標後就不再賺錢。

我覺得花愈多時間賺錢，就愈少時間做自己想做的事，我不想人生變這樣。對未來也會焦慮或恐懼，就只能盡量讓喜歡的事情也能賺到錢，祈禱自己愈寫愈厲害。像你喜歡投資，又能賺到錢，真的很好，我沒有那麼幸運。

Min：我覺得在什麼體制裡就要去玩什麼遊戲，照規則走。**既然資本主義就是誰錢多誰的話語權就大，那麼，唯一能改變世界的方法，就是讓我的錢變得比他們更多**。比較好奇的是，你既然厭惡這種不公平，不會想改變它嗎？就算一點點也好。

劉：因為我同時也很自私，只在乎自己喜歡的事情，對世界有點失望了吧。話說回來，我倒是從來沒想過你剛才說的，可以在資本體制裡取得影響力去改變它。

Issue 4

時間與金錢的取捨

劉：你剛才說有錢的定義是「財富可以超過欲望」，其實我也一樣。雖然很不想賺錢，但也沒有特別降低消費，比如去喝咖啡、出國玩，還是足夠支應。只是後來發現很多事情不用花太多錢，比如電腦用了六年想換，但看來看去，發現它還很好用，不用買新的啊；機車騎了二十幾年，一九九七年出廠，保養到現在還是滿好騎的。

Min：咦，一九九七年我才出生……應該說，我是**把欲望給遞延到未來，所以現在賺的錢，必須能支付未來的欲望**，欲望一定會膨脹，因為錢變多，欲望也會變大。所以我現在需要賺更多錢，以後才有辦法享受，因為這樣，才會覺得「現在花這個太浪費」，如果把錢用來投資，可以做更多有意義的事。

劉：竟然一九九七年出生！？讓我冷靜一下。嗯，我可能反過來想，如果能脫離對金錢的需求，時間就會變得超級自由。發現**設定賺錢上限、被金錢束縛之後，反而能取捨自己要什麼**。到底什麼該買，什麼不用買，標準要建立在哪裡？會有自己的定義。不管金錢或是其他物品，我覺得不能無限擴張，不是發大財就解決所有問題。

Min：我想一般人都還是會設定花費上限。只是一般人超過上限之後，多賺的錢會想存下來，把財富遞延到未來去消費更多；你的話，就是覺得未來也不會有什麼欲望，乾脆賺這樣就好，反正有其他目標。**可能你覺得時間比多出來的錢重要，而存錢的人覺得金錢比時間重要**。

劉：對，我希望把多出來的錢換成時間，拿那些時間來寫書。這算不算一種投資呢？就是希望寫書也可以賺到一些錢，可能沒辦法很多，也或許會失敗，但我願意承受失敗的風險。

Min：我覺得**如果把人生簡單化，就是時間和金錢的取捨，這是機會成本**。如果想要金錢，就要花時間去賺；如果想要時間，就必須放棄賺錢的機會，把時間空下來。對你來說，一段時間的價格比較高，所以你選擇時間；對我來說，金錢的機會成本比較高，所以我選擇用時間去換取金錢。投資也是這樣，這也是我為什麼花時間去研究、實際去操作的原因。

end

Podcaster 股癌：「坦白講，我真的只看錢，賺錢是一件快樂的事，如果浪費時間，我做都不想做」

——超直白，超中肯的股癌大大謝孟恭說：能賺錢就是好工作，錢是生產力的轉換，錢能買別人的時間解決自己不想做的事，人生，錢永遠不夠用！

對談

股癌 GOOAYE

對金錢雲淡風輕

對談人｜劉揚銘

經濟系畢業的四十世代，畢業後沒進金融業，到商業雜誌當編輯，過勞離職後成為自由工作者，將上班與辭職的掙扎、接案與獨立工作的經驗寫成書籍分享，經營「工作即生活：劉揚銘」粉絲專頁。

工作即生活：劉揚銘

vs.

被菜雞追隨的主委

對談人｜謝孟恭

法律系畢業考上機師，航空公司卻倒閉，當過全職操盤手，二〇一九年開始經營「股癌 Gooaye」粉絲專頁，分享二十二歲投入股市後的觀察，二〇二〇年成立 Podcast 頻道，三個月內聽眾暴增二十萬，廣告價格成長二十倍。

股癌 Gooaye

（本文為誠品書店《提案》2020 年 11 月號「超現實金錢遊戲」專題之採訪對談。）

劉揚銘（以下簡稱劉）：你做過很多工作，有夜店ＤＪ、考過機師，只是後來航空公司倒了，經營過青年旅館，也做過全職操盤手，這些工作你最喜歡哪一個？

謝孟恭（以下簡稱癌）：我覺得差不多欸，沒什麼特別感覺。工作就是為了賺錢，考機師的時候也是覺得錢最多，很多同事說什麼開飛機是從小夢想，但我從小就沒有夢想，只想賺錢而已。對我來說，**哪個工作可以賺錢，就是好工作**。

劉：所以才往投資這個方向走嗎？

癌：應該這樣說，**不管你做什麼工作，投資都是現代人必備的技能**，即便你不一定會進到市場裡交易，懂一點東西的話至少就不會被理專騙嘛！我直接告訴你，理專賣的東西，十個裡面九點五個都是垃圾，會害你賠很多錢，但只要有一點基礎概念，知道怎麼識別，不用很高深，就可以閃過讓你工作二、三十年血汗錢被賠光的東西。

劉：你印象中第一次意識到金錢的存在，是什麼時候？

癌：從高中大學就很有感覺。大學打工當ＤＪ嘛，夜店就是紙醉金迷的地方，你會看到有些男的走進來，幹，長得一副鳥樣，但他開一個包廂、開兩瓶香檳王，跟公關說我一個人，可以帶別人進來玩，然後就好幾個女的跑進去。錢真的很可怕，可以讓他媽一副鳥樣的人變得很帥，大家都想去包廂認識他。

每個人或多或少都會被錢的威力影響，**可能有人看到一個東西買不起，就覺得算了；可是我就覺得，不行，我一定要買到！**

劉：那你對於財富怎麼看呢，認為怎樣才算有錢？

癌：現在大家喜歡講財富自由嘛，幹，那是人家要賣書啦，想讓你覺得人生好有希望，也要追求財富自由啦。我覺得**沒有財富自由的一天，因為那跟你整體的物欲有關，還有人生中有太多的意外**。也不一定是壞的意外，可能是好的，比方突然生了一個小孩，或你發現小孩超會念書，他說想出國留學，要跟你拿三百萬，你不讓他去嗎？我們只能盡可能去多累積財富，降低自己的物欲，這才是理財的重要性，但沒有什麼自由的一天啦。那種雞湯型的書，好像人生可以摸到一個終點就怎樣了，**可是對我來說人生沒有終點，因為一定會遇到各式各樣新奇的狀況**，我就是很想嘗試新東西、做新挑戰，錢永遠不夠用啦。一個月賺二、三十萬的時候不夠用，現在一個月賺兩百萬，還是不夠用。

劉：有人問你現在Podcast這麼紅，會不會想見好就收？但你說見好絕對不要收，要繼續做到更好，發揮自己的影響力。這也是用投資角度來看的嗎？

癌：現在很多人在笑、在酸說這麼多人做Podcast，都在泡沫了，但一個東西之所以會泡沫，就是因為有熱度，是大家喜歡、想要的東西。**一般人會直覺說有泡沫的地方我要離開，投資人會說有泡沫的地方，幹，我怎樣也要進去，因為那就是資金、注意力在的地方。**

你不要有那種心態，覺得自己最聰明、別人都智障、都跟風，然後我超然世外。做得好的東西，本來就應該繼續做下去，市場熱度很高，不要直覺排斥，應該去了解為什麼大家都在瘋。尊重市場上正在紅什麼，因為跟大勢對做的人通常會倒地。

只要覺得不行，我一定馬上砍掉。開始做Podcast的想法是如果一年內做不出什麼東西，我就不要做了。我沒辦法像百靈果、馬力歐他們在業界深蹲超久，我覺得那神經病啦，我都當面跟他們說你在浪費生命，是我一定要選擇等勢頭出來再進去這樣。

劉：所以你做的選擇都是「可以嘗試看看，但是這個嘗試不會讓我受到很大傷害」，如果有成果再集中火力；不會是「我好想做某件事，就把人生砸在裡面」的類型？

癌：只能說我很尊重這些人啦，比較藝術家個性，真的在享受人生、做他們很喜歡的東西。對我來說，真的賺錢比較重要。**很多人酸我只會賺錢，我坦白講，我真的就只看錢，只看東西沒有發展性，如果浪費時間，我連做都不想做。**

劉：但投資一定有賺有賠，你怎麼面對風險？

癌：我在網路看到一個笑話。有一個人看到同學生活很好，靠北說別人爸媽這麼會賺錢，自己爸媽就這樣。結果人家說，那是因為別人爸媽願意去嘗試有風險的東西，但你爸媽不敢，就像現在的你一樣。

真的要聊風險，你出國念書也是風險啊，因為你拿了你媽的三百萬，結果念了一個垃圾學校回來，找工作每個月多兩千，這三百萬不是丟到水裡一樣嗎？報酬率非常低吧！或說你去工作，花了三年才發現一點前景也沒有。

很多長輩會告訴你股票市場多凶險，可是你知道嗎？**去創業開手沖咖啡廳、什麼文創的鬼東西，死亡率大概是你去買股票的百倍千倍不只**。上市上櫃公司也是從創業開始，經過重重挑戰，符合證交所規定才上市，台股這一千家公司雖然可能有垃圾，但已經是台灣企業佼佼者了。我只能說**風險是無所不在，但如果你可以用正確的心態，有一定的知識水平去面對，當然也會有附帶的報酬**。

劉：那錢對你來說是什麼？如果賺到很多錢，最終會想幹嘛？

癌：我覺得賺錢是一件很快樂的事，但是你說賺到錢，生活有什麼改變嗎？沒有改變啊。我以前出門搭Uber，現在還是搭Uber，很多人說我爆紅，爆紅我也沒感覺，因為我又不出門。上次在健身房被要求合照，我還想說幹，你怎麼知道我長怎樣？

生活沒有改變，但本身感受上還是很喜歡，覺得好像真的做了一件看起來還不錯的事情。

劉：所以說賺錢這件事，對你來說是日常，也覺得投資很有趣。那你有想過有一天不繼續賺錢了嗎？

癌：很多人說我是天才型投資者，錯了，要花超多時間的。壓力最大的那段時間，曾經乾眼症、掉頭髮、睡不好什麼都發生，每天十七、十八小時，睡醒就在做，手上壓了六七百萬，操盤當然會焦慮。但我相信不管多困難的東西，上手之後都會習慣，以前看財報很辛苦，但現在知道重點在哪；以前看新聞稿會認真看公司講什麼，現在新聞稿出來，哪個地方在唬爛你都知道了。

現在（投資）跟生活融合在一起，我已經很少感覺到壓力，不會想說有一天不做這個，要退休，因為對我來說這就是熱情之所在。如果做Podcast覺得無聊或賺不到錢了，我可能會收掉，但投資是另一回事。

劉：聽起來你好像已經在賺錢跟人生當中取得一個平衡，未來有想要做什麼挑戰也有足夠的財富了，感覺賺錢也是讓你的人生可以有很多不同選擇？

癌：本來就是啊，大家不要把錢想得太複雜，**錢就是在生活裡去交換勞力的籌碼**，這樣而已。你賺錢也是用勞力去換錢嘛，假設你用勞力一小時可以換到十萬，其他人只能換到時薪一百八，那你當然可以用錢去買人家的勞力。

像我真的超懶，大概兩個禮拜才出一次門，我大部分時間都叫外送，很多人問我為什麼時間這麼多，幹，就買來的啊，就台幣戰士啊。**你有生產力之後就可以找人幫你做不想做的事，錢就是生產力的轉換**。如果你人生有一些目標要實現，能把錢的價值運用得宜，就代表你更有機會和時間去達成這些東西。

劉：我的問題到這邊，覺得今天的收穫很豐富欸。

癌：沒有沒有，不要官腔了好不好，你就講說「欸你講話還可以」就好了啦。

end

E·PARTNER·FUTURE·PARTNER·FUTU

Part 03
同伴與未來

不要找一個職位等老闆付薪水，
而是用自己的專長與能力
找出願意付錢的客戶。

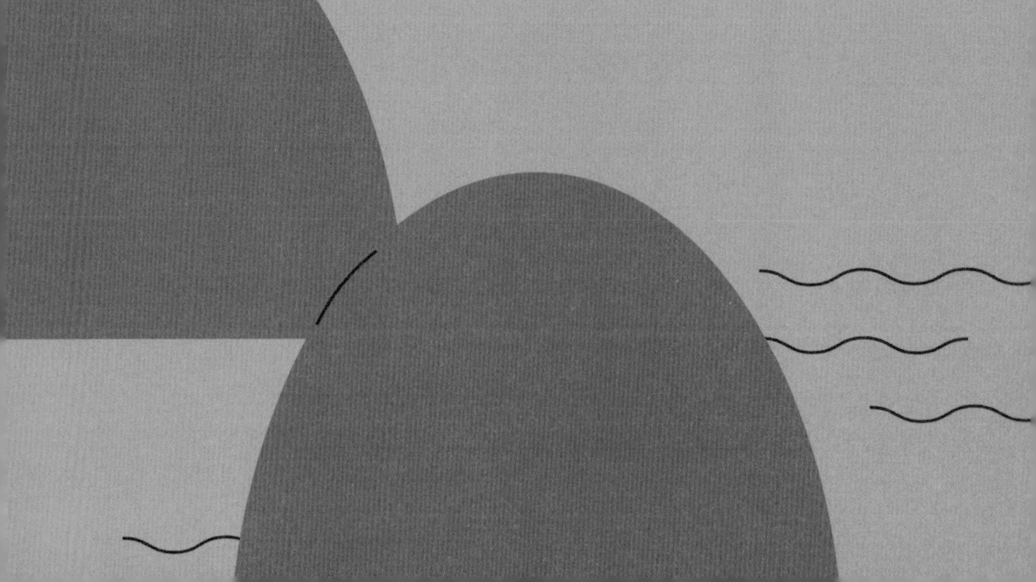

A

個人群體的互動關係

01

平等的合作關係，激勵自己成為更友善的人

——無論職位高低，都用相同態度回應

自由工作第七年的秋天，家裡多了個新成員：黑白臉賓士貓。鼻子和下巴各有黑點，長相不怎麼精緻、有點好笑，就這麼突然出現在五樓窗台。我不知道牠幾歲、不確定牠的過去，從左耳被剪過看來，大概當過一陣子的流浪貓吧。

後來我想，自來貓跑到家這件事，和自由工作似乎有點像。

那天早上老婆去頂樓澆花，在樓梯間撞見陌生貓咪，貓跳上窗戶躲人，老婆不敢繼續靠近，我下樓到便利商店買貓食，放上樓梯間，想讓貓咪趁沒人時填飽肚子。晚

上發現貓食還有剩，收回家裡窗台等隔天再處理，天亮後卻發現被吃光了，原以為兇手是老鼠，下午卻看見窗台盆栽之間有隻貓咪在閒晃曬太陽——欸，這是五樓外牆，鐵窗遮雨棚構成的懸崖，你是怎麼跑來的呢？畢竟是貓，有飛簷走壁的魔法也正常。

之後黑白貓開始牠的窗台生活，平時睡在窗型冷氣上，無聊就抓填補縫隙的保麗龍板取樂，搞得家裡常有保麗龍碎屑飛舞。大小便在盆栽解決，自己會挖土埋好，等人類幫他倒馬桶沖掉。可憐的盆栽植物被貓尿得慢慢枯萎，老婆和我也漸漸成了貓奴，每天提供水和飼料的同時還要被野貓爪伺候。

等終於學會用隔熱手套防止被抓傷，老婆也幫貓取了名字，擔心窗外即將轉為冬季，下雨濕冷，貓咪才從窗台踏進室內。跳蚤入侵家裡帶來一陣混亂就先不提，我們不知道貓咪幾歲，就把他出現那天當生日。兩年後，這隻左耳剪過的黑白臉賓士貓，已經是家裡最會耍賴和撒嬌的成員。

如果自來貓願意繼續待在這裡，就是家人，我們會陪他到最後；但就像他自由跑來時那樣，如果懷念寬廣的天地，有一天選擇離去，我也沒有阻止他的權力。

貓選擇到哪個家生活，和工作者選擇去哪裡工作，應該都是合作關係，有自由來去的選擇權。知道哪裡是適合的環境，而不是即使受苦也只能被豢養在固定的地方。

自由來去的貓咪，與自由工作的關係

上班時的我還沒學會平等看待每個人，總覺得老闆和主管比自己高階，而我應該要聽上面的人，畢竟領人薪水，不敢不聽指揮。比起爭取自己的權利，不如說更期待早點往上爬，就能得到命令別人的權力。雖然不想承認這種事，但我曾是霸凌別人的混蛋。

上班族都聽過被職場同事在背後捅刀之類血淋淋的故事，但我沒有，我只有自己捅別人刀的經驗；看人咬牙切齒說曾在學校被同學霸凌的往事，我也沒有，我就是那個負責霸凌同學的傢伙。這兩件事提醒我「自己並不是什麼善良的人」，不知道後悔還來不來得及，但也是我不敢重回職場的原因之一，不是怕有報應，而是怕回到體制拿到權力，也許會壞得變本加厲。

這也是我喜歡自由工作的另一個原因。若這次表現不好，下次可能就沒機會，也許有人覺得這樣的合作模式壓力很大，但能讓我收斂心裡的惡意，拿出比較好的自己。

雖然沒有職位、沒有權力、沒人可以代班，至少讓我不會變得更壞。我曾經壞過，但現在想當一個好人，能不能不要跟法官說？

後悔曾是職場霸凌的混蛋

離開公司後，同事之間流傳著都市傳說：一是我曾把遲交稿的同事叫上頂樓用拳頭制裁，一是我家在忠孝東路有兩棟房子所以不用上班。傳說當然只是傳說，但我確實欺負過同事，非常後悔。

雜誌截稿到最後，熬夜壓力大，曾有同事改稿太多次，我當場發怒把人罵哭；也有同事承諾周五晚上一定交稿，我周末早上沒吃早餐就進公司加班編稿，發現稿子還沒交，拖到中午實在受不了，直接電話飆罵問候他娘親；還有同事被我私下搞小動作鬥走離職。

我擅長把各種精神暴力加諸他人，「因為他懶所以害我加班」、「因為他不用心害我在要後面幫忙擦屁股」，老實說這些都是藉口，只要哪個人的態度我看不下去，惡意很自然昇華成正義，如此簡單直接。把問題歸結到某人身上，一個人承擔被霸凌的壓力，其他人都能鬆一口氣。**被霸凌的人離開了，還會有下一個替死鬼。身在循環中的自己不會察覺惡意，只感覺一切非常正當合理，這是霸凌者最可怕的心理。**

後來在《拒絕混蛋守則》讀到，高壓力的職場環境會加劇人的惡意，過度推崇「交出成果的人就有權力」、「天才多少都有點混蛋」的職場文化也是催化劑，**但沒人規定我們必須使壞才顯得有權力，我們可以學會處理壓力，成為兼具才能與善良的工作者。**

離開公司後我才開始反省之前犯過的錯，承認自己本性並不善良，了解釋放惡意的開關是壓力和權力。**如果我無法改變個性成為善良的人，那至少可以把自己放在難以做惡的環境**。自由工作沒有職權，沒有頭銜位階去指揮誰要做什麼，也不可能憑個人喜好把團隊裡的討厭傢伙攆走。當我表現不佳，別人還可以換掉我，諸多條件讓我必須以平等、合作的原則，善待每個人。後悔曾經傷害許多人，如今的我選擇這樣面對自己。

當然，如果合作對象待我不公，我也可以瀟灑離去，回到寬廣的天地，之後再背刺你一刀也沒問題（呃，心裡的惡意又偷偷冒出來了，對不起），但這是自由工作沒有權力的權利。

還好我沒老闆，還好我不是老闆

身為不屬於公司的獨立工作者，讓我誠實面對自己、真心對待別人，無論跟大老闆還是無業遊民吃飯，都可以一視同仁、用同樣的語氣。反正我不屬於你，你不認識我，我們都一樣活在某個陌生人左右，知道這人刻薄就離遠一點，發現那人有趣就多聊一點，合則來不合則去。不隸屬體制更自在一點。

看過一篇職場文，寫陪伴老闆參加餐會時的注意事項，先了解是什麼場合，老闆為什麼挑自己做陪，為此應該做哪些準備。比如餐桌上如何協助老闆記下同桌者身分，如何察言觀色、串場活絡氣氛，抓住時機做球給老闆，知道哪些時候自己才該說話，怎樣回答問題才有禮貌等等……文章非常實用，但看完只覺得好累，如果要擁有這些技能，我希望不是為了老闆，而是為了自己而學。

想要能察言觀色，是因為單純喜歡同桌的這些人；想知道什麼時候該自己說話，是因為對在場大家的尊重，而不是怕搶了老闆鋒頭。餐會中不想串場當小丑的時候，可以讓場面擺著冷，觀察其他人是否願意主動串場，為人怎麼樣。回答有禮貌是因為尊重基本禮節，而不是在老闆面前不能得罪客人。想做好人是因為我想做好人，不是在老闆面前努力張羅一切，當個稱職能被提拔的職員。

離開公司和職位，不必上班戴營業用面具，下班才換天然表情。別人認識我不是因為我屬於哪個組織、什麼職位、負責哪些業務、擁有多少營業額；而是因為我是個怎樣的人、嚴肅還是有趣、做過哪些有點不一樣的東西或蠢事。

當然不是說上班就是束縛，自由工作才能盡情做自己，自由工作也可能朝不保夕。**因為沒有公司依靠，隨時面臨生存危機，平時努力累積人品，才能在敗人品時不致於活不下去**。接案捅過婁子的人都知道，當下真的很想挖洞埋了自己，危機發生後，才深刻體會過去累積至今的陰德值多重要。

我時常會想，如果在公司裡位高權重，位階低的人不能不聽指揮，有利害關係的對象也不願意得罪我，像我這種本性不善良的傢伙，大概會變成更惡劣的人，分不清楚是自己有能力還是職位在嚇人。**想到這點，就更佩服在體制裡爬上高位，卻依然溫柔親切的前輩、平輩和後輩，他們才是值得尊敬的工作者**，而我則願意在體制外配合。

離開組織讓我知道，個人能力很微小，在公司裡更有機會完成偉大的任務，但不是沒有交換條件，我選擇不去交換那些，而去做微小的事情。還好我沒老闆，也還好我不是老闆。我只是一個獨立、自由的工作者，能像一隻自由來去的貓咪，已經夠幸運。

02

如果在一起對彼此都好，才選擇在一起

──創作者的另一半都要修水電!?

朋友聽我自由工作、寫作維生，每年賺到最低生活成本就停止接案，把時間留給創作，不買房不買車，騎一台二十多年的機車，通常都會問：「你太太是做什麼的？為什麼可以讓你這樣？」

看到小說家在書裡自述：「把我養成一個作家，不是國家或社會，是我的家人。」因為作家不用做家事，小至拖地、修馬桶，大到幫貓剃毛，家人全都先做了。家人最常說的是「你去忙」，所以我們有時間寫稿。創作者的另一半好像都會修水電，我也不例外。

辭職時的精神支柱

從離開公司到自由工作的職涯轉換，從「有案必接」的忙碌到對生活方式做出選擇，中間所有掙扎都和老婆討論過，也了解自己能獨立工作，但無法獨自生活。要是沒有家人祝福、身邊沒人支持，我肯定撐不過更早的階段，難以堅持獨立受雇體系之外的理想。

踏入社會前，我的人生觀完全符合主流價值：好好讀書、好好工作、努力上進、升官加薪、出人頭地，並沒有除此之外的想像力。直到身心過勞無法負荷，不得不離開公司休養，已經是工作第七年，結婚剛滿一年的三十二歲。

熱情燃燒完畢、精神消耗殆盡，辭職的家裡蹲生活非常荒廢，每天衝海邊、跑音樂祭、瘋狂打遊戲，想彌補失去的青春。然而放縱的同時，心裡也十分焦慮，看著存款慢慢消失，面對失去工作也失去身分的自己，懷疑以後要怎麼活下去？雖然很想給自己一段時間好好休息，卻也無法穩定下來沉澱心情，矛盾夾擊下，辭職一個月就忍不住想找工作回去上班。

當時老婆對我說：「**如果你現在就要找工作，那當初幹嘛辭職？**」一句話把我敲醒。對呀，我是為了讓身心狀態慢慢復原才離開，如果還沒休息夠就要回頭上班，不是本末倒置嗎？對於金錢流失的恐懼，她也問：「你現在的存款，不夠活個半年一年嗎？」算算即使一年沒收入也不會餓死，老婆又說：「那你怕什麼？」

原來我可以不用焦慮，也應該好好讓身體心靈都充分復原，再重新思考工作，感謝她讓我理解什麼才是重要的，成為我離職時的精神支柱。如果身邊沒有人支持，我不會開始在體制外的自由工作，也沒有今天的生活。

有了這個經驗，我建議想自由工作的朋友，至少先存好半年到一年的生活準備金再開始，會安心許多。

結婚不用等於一起住

回答完「老婆為什麼能讓你這樣？」但還沒解釋「那她是做什麼的，能理解你不上班在幹嘛嗎？」坦白說，大約有兩年左右，我也不知道老婆是做什麼工作，如何維生，直到終於忍不住開口問。

聽來好像跟另一半很不熟，其實沒這麼誇張，只是走入婚姻後的前五年我們都是分居模式，第六年才開始住一起。我住我家、她住她家的階段，當然也會去彼此的地方過夜，只是一禮拜見面兩三次，有時一整天沒聯絡，我不知道她去哪，她也不知道我在幹嘛，等隔天再聊聊你昨天過得怎樣。

有時分開、有時一起的生活模式是自然演變。她父親過世較早，兄弟姊妹都結婚自組家庭，她捨不得媽媽一個人，想留在原生家庭陪伴；而我父母退休搬到郊區，家裡剩下我和妹妹，妹妹曾外派出國工作一整年，我也樂得獨自在家工作。結婚不用等於兩個人一起住，就像工作也不一定和全職雇用畫上等號；我不強迫老婆陪我一起，她也懶得每天照顧我。

老婆曾在銀行上班，後來自己在夜市開店。做夜市必須和人潮一起工作到半夜，對健康負擔不小，幾年後決定把店收起來，開始不上班的生活。當年辭職時老婆給我鼓勵、幫我撐過，現在換我給她支持，當然不催她找工作。

此時我獨立工作剛上軌道，還在摸索從受雇轉型自由工作的各種技能，忙著接案當編輯和寫稿，每天跟客戶計較一字一元、一字兩元的稿費，企畫報價，交稿收款，努力存活。賺的錢只夠自己用，沒有餘錢給老婆。

兩人始終財務獨立，我不知道她有多少錢，看她一直待在家裡沒找工作，多少有些擔心。但自己在賺錢上也不是很爭氣，實在沒立場催人去上班，就這樣過了兩年左右，有天終於忍不住開口問：「**老婆啊，妳現在沒上班，我也沒有給妳錢，這些年，妳到底都怎麼活下來的啊？**」

她只淡淡答了一句：「喔，我有在投資啊。」

「等、等一下，所以妳的真實身分是專業投資人嗎！？」

才驚覺，原來老婆大人以自己的資產和投資技能過活，不上班也頂天立地，而我每年都在焦慮收入達到最低生活門檻了沒，下半年、下一年的案子哪裡來，如果接不到案，怎麼創造收入……這，會不會拜託老婆教我投資才是正途啊？

我們明明是大學同學，經濟系畢業，她可以自學投資理財，我只能計較稿費一字多少錢，看來問題出在哪邊很明顯了。不過，大家做自己有興趣的事，只要生活過得下去，快樂不後悔就好，都是自己的選擇。

婚後還是財務獨立

結婚五年後，我妹妹也結婚有了孩子，我家給妹妹和下一代住也很自然。既然老婆家還有空房間，就換我搬到她家入住，省下房租，每天岳母大人煮飯給我吃，我也不客氣地賴在家裡了。

電視劇裡媳婦住進公婆家好像很苦，但我寄人籬下還是少爺一樣，不但洗衣煮飯、掃地拖地都沒在做，燈泡壞了、馬桶漏水、電扇不轉還全是老婆在修（維修是她的興趣之一），我唯一負責的家事是洗碗，因為喜歡把東西洗得閃亮亮，感覺療癒！

老婆有自己的收入來源，和我財務獨立，結婚前說好開一個共同帳戶一起存錢，其餘資產各自負責、互不干涉。但既然她很會理財，金錢還是交給她投資，畢竟資產愈多投資愈有利——呃，雖然加上我的存款根本沒有增加多少總額。

我負責用勞力換取所得，資產操作就交給老婆負責；我的責任是培養文字技能，確保工作能換來收入，而老婆的責任或許是投資在金錢專業技能，努力避免風險的同時也能賺取報酬。

負責勞力的我並不知道老婆有多少資產、也不太清楚她賺多少，只需確定她可以維持生計。而我也要求自己工作收入大於支出，能持續在共同帳戶提撥存款，其餘投資獲利就當成是多賺的吧！

負責投資的老婆知道我有多少錢，也會定期分享資產狀況excel表，雖然我好像幾個月後便沒看了，反正自己並不擅長理財，交給專業的她處理就好。我需要精確掌握勞動收入的狀況，記帳、計算收入和支出平衡、記錄每個案子的工作天數以確保做事有收到的錢，而且能用有效率的方法完成。知道賺來的錢能支應一年花費，達標最低生活成本，就再不為錢工作，把時間拿去創作。

共同帳戶中有一部分是旅遊基金，每月存入固定金額（這些存款算在最低生活成本以內，一定要努力賺到），不管國內還是出國，旅遊全程花費從中支出，也能以此預算計畫每年旅行。因為兩人都不用上班，利用平日和淡季出遊，機票住宿便宜很多，也不必和大家擠在一起，是不用花太多錢就能提升旅遊品質的選擇。

我的朋友都想嫁給我老婆

因為賺的錢只夠自己用，資產是老婆負責投資，所以不用太清楚自己有多少錢；在家不用煮飯、掃地、洗衣，燈泡馬桶給老婆修，報稅有老婆負責，連頭髮都交給老婆剪……聽完這樣的生活方式，我的朋友異口同聲都說想嫁給我老婆。

雖然出書，有時會被各單位邀請演講，但朋友私下聊天吃飯，都在問我老婆到底怎麼投資——我要是知道還需要為稿費一字幾元奮鬥嗎。老實說，她賺多賺少我也不知道，應該沒有很多（吧？）。老婆有次心血來潮推薦給文青朋友的理財入門書，我簡介之後貼上臉書，結果比我自己出書的按讚還多。

每個人的工作觀、金錢觀、人生觀，肯定是和身邊伴侶一起形成的，我對工作、休息、金錢、居住、想過怎樣的生活、人生最終的目標，當然是和老婆一起討論的結果。或者說，還在討論過程中，保有調整的可能性。

婚姻關係的兩人可以很獨立，如果兩個人在一起比較好，才選擇在一起，不好的話，隨時有權利分開。如果結婚沒有讓彼此都更好，那其實並不需要，這點和自由工作的原則一樣。如果這個工作對我、對案主都有幫助，才值得接，如果不是，那雙方都有權利終止合約，好聚好散。

使用金錢的方式也可以很獨立，我們努力財務自主，互不干涉彼此用錢的狀況，有旅遊基金這些共同負擔的部分，但也不用全部資產都連在一起。應該說，不知道老婆有多少錢，才能逼我這軟爛中年人努力賺到足以生存的錢。

兩個人的居住方式也可以很獨立，結婚不代表誰必須搬進誰家，甚至不用住在一起，不用每天聯絡。即使住在一起也有各自的房間，偶爾分開一段時間，才能比較相對於一個人，兩個人在一起是否更快樂一些。我還在學習給老婆多一點自己的空間和時間，所以跑去日本獨立生活兩個月。說不定到了某個年紀，會再次選擇分開居住，偶爾在一起。

最好的朋友……？

平時出遊，我還是騎二十多年前認識老婆時的那台機車，我們決定不買車，是因為兩個人都容易暈車，比較喜歡騎車的自然感覺。或許等到年紀更老、實在無法騎車時，會考慮買車，不過到時共享移動方式可能更發達，不需要持有交通工具，也許租車就行。關於住在哪裡，買不買房，需不需要買房，一樣可以慢慢考慮，選擇想要的生活方式，討論對於金錢和時間的使用方法。

結尾想說個小故事，有次和朋友吃飯，大家提起「**已婚男子，好像都自以為自己是老婆最好的朋友**」這話題，大家轉頭請我發表意見：

「當然是啊！」

同桌的朋友們眼神愈來愈微妙。

「咦？等等……難道不是嗎？」

我慌張起來。

當天回家馬上追著老婆問：「我真心覺得妳是我最好的朋友，我也應該是妳最好的朋友，但其實不是？」

「啊？我心裡沒有朋友排行榜啊！只有『滿好的朋友、很熟的、不熟的朋友』這種分類，你這樣問，我有點困擾欸，」老婆回答。

「那我應該在『滿好的朋友』裡面吧，不只是『很熟』而已！」我堅持。

「如果不是的話也太慘了吧！」

在一起二十年，我一直覺得自己是談笑風生的那邊，現在才知道，原來談笑風生的是妳啊，老婆大人！

03

工作帶來新朋友，接觸未知領域，也打開生活圈

——累積作品、累積工作成果，是自己的名片

當我還是上班族時，對人際關係有個困擾：很難認識新朋友。當然團隊運作很順暢，同事間感情很好，中午一起吃飯聊天，開會時會彼此吐槽，截稿後約唱歌，能在這樣的職場環境已經很幸運了，可是**工作愈久，好像愈難認識新朋友，生活圈漸漸變得無法突破**。

雖然因為一些合作機會、採訪工作，有機會認識產業內外的人們，但離開職位後，能用個人名義發信過去而不尷尬的，卻沒剩下太多，兩隻手的指頭加總絕對夠用。年資愈久，工作的重複感、人際關係的僵固感愈重。

後來轉為自由工作，過了最初求生存的兩年，第三、第四年左右，慢慢感受到人際關係逐漸開拓，有機會在每次工作中邂逅不同人事物，認識新朋友。

也因為用自己的名義、為自己工作，累積出成果，慢慢能讓別人因為「這個人做了什麼」而認識我，而不再是「這個人代表哪個公司的聯繫窗口」，這是自由工作迷人的地方。但另一方面，要付出的是沒有同事，沒有能歸屬的群體，一個人工作的孤獨代價。

工作帶我去認識詩人、小說家、咖啡店主人

曾在書店認識小說家朋友。準確地說，是在接案開會時太早抵達，跑去樓上書店閒逛，在陳列平台遇到翻開幾頁就忍不住想買的小說。回家讀完腦洞大開，好想認識作者本人，趕快追蹤對方臉書。最後網友相認當天，剛好約了專欄平台編輯開會，小說家順道加入，編輯樂意認識可能的新作者，我一邊問編輯文章怎麼改進，小說家開始評估是否寫專欄，好像構成一場三贏的聚會。

事後回想，因為接了書店的編輯專案，帶我認識新作品和作家朋友；又因為對寫作迷惘想請教編輯，促成了一場不錯的聚會，這是工作帶來的緣份，讓我認識更多有意思的人。

再說個例子吧！自由工作沒有同事，工作不順、心情不好、想找人說說話時，我喜歡去老闆自己開（不是工讀生）的咖啡店。去久了變成常客，有喜歡的座位，點菜之外聊聊彼此近況，老闆也慢慢抓住我的咖啡口味，一兩句問候都能覺得溫暖。

有一年我明明租了工作室，卻還是常去咖啡店報到，是為了有人能說話，和老闆聊幾句再回工作室一個人集中精神奮戰。有回踏進店裡都還沒開口點東西，老闆瞇著眼先問：「你今天遲到喔！」

「我……我昨晚失眠啦，所以比平常晚兩小時開工。」連咖啡店老闆都知道我遲到，還給了我double shot的咖啡醒腦，最後和老闆慢慢變成相約吃飯的朋友。我原本並不讀詩，但因為咖啡店老闆的推薦，開啟詩的天線。有回逛書店翻詩集，買了喜歡的作品，之後受邀辦講座，藉機邀詩人來與談，又是交新朋友的機會，可以了解文學作者的生活。

還有其他例子，比如原本接案合作的單位，有同事離職後找我討論自由工作的生存方式，從業務往來變成朋友，了解彼此的近況、保持聯絡，未來都有機會合作。當然不是每次工作都能認識新朋友，還是看頻率與個性、相處起來的感覺，但之前沒有想過，工作也是拓展生活圈的方法。

前提是，我得先做出一點什麼，讓別人知道我在幹嘛，累積作品或累積工作成果，如果別人覺得這些東西有點意思，也想找我聊聊就更好——畢竟我自己也想認識這樣的小說家、詩人、咖啡店主或嗜好收藏者，彼此站在一樣的出發點。擴大生活圈可能不是怎樣認識人，而是因為做了什麼，在過程中會慢慢找到同好。

只要對他人保持興趣，先別把重心放在自己身上，工作就是一張名片，為自己工作，有機會認識更多人。

職涯是不斷「欠人情債、還人情債」的過程

出版第一本書時，一位素未謀面的老師願意推薦我的作品，讓我好感謝。兩年後，老師問我要不要參加他舉辦的御宅論文研討會？為了報答當年推薦的恩情，當然答應，雖然寫論文不是專長，但事後看來，挑戰的收穫太大，遠在金錢以外。研討會中，認識了許多有共同愛好的新朋友，衍生出更多合作機會，還留下一篇被收藏在圖書館的論文，雖然題目不怎麼正經。

這些金錢以外的收穫，是在工作前無法預期的，就像種下一顆種子，不確定它是否會發芽、何時能長大，甚至不該預期它能收成。即使不提這些回報，光是「寫自己有興趣的御宅論文」本身這件事就非常沉浸且愉快，完成挑戰還能認識新朋友就更值得了。

後來發現，工作是不停「欠人情債和還人情債」的過程，未能獨當一面時，我曾得到許多貴人、達人的幫助（比如素未謀面的老師願意為我的書推薦），**受人相助、欠人情債是幸福的，能欠時就盡量欠，能依賴別人時就盡量依賴別人，但相對的責**

任是，未來有能力還債時，也要盡量還、盡量幫助他人，才是健康的工作循環。

我討厭媳婦熬成婆之後成為刁難別人的那邊，討厭學長學弟制，因為職涯曾受許多前輩相助，也希望能助其他工作者一臂之力。

一位自由工作者告訴我，在他迷惘的時期，我曾在網路上回答他的問題，即使當時彼此還不認識。我並不記得這件事，對這句話感到震撼，原來在我記不清的小地方，也有可能幫助（或傷害）一位工作者。慶幸自己當時沒有輕忽這個朋友，不對，或許更多人曾經被我忽略只是我不知道，而也希望我給的意見不要害到別人。

因為在職場上曾受到許多人幫助、欠過許多人情債，希望在有能力還債時，盡量與人為善，讓世界變得更有趣一些。

沒有同事，如何創造歸屬感？

未來的職場與社會，肯定會往個體化的方向發展，婚姻也好、工作也罷，都不再是過去每個人要歸屬在某個群體裡的時代了。

選擇自由工作，希望有獨自生存的能力，並不代表斷絕聯繫、一個人孤傲求生，反而更需要與他人溝通與連結，即使不屬於任何群體或組織，只要能被人接納和認同，那怕是一瞬間也令人覺得安心。

所以希望我們都能盡可能創造機會去認識不同價值觀、不同思維、不同產業、不同位階、不同年齡層的人，而**工作就是我與他人聯繫的媒介，在工作中邂逅他人、碰撞意見、設法拓寬自己的認知世界，即使不屬於公司組織，只要能結交朋友，就有機會創造歸屬感**。

上班時最討厭開會，但自由工作後的我還滿喜歡接案時的會議討論，平常都是獨自工作，開會是與人保持聯繫的橋樑，能與外面的世界互動，當然，太多和太冗長的會議還是讓人煩惱，但如果開會時的我閒扯太遠，可能是在呼喚著想被接納。

最後想用村上龍小說《Love and Pop》的一段話結尾：「邂逅他人需要體力，是很累人的，可是無法邂逅他人的人幾乎形同死人，……像是重病患者、囚犯，即使是奧姆真理教徒都無法邂逅他人，……**人如果不從他人那兒吸收一些新鮮的東西，就會顯得很陳腐**。」以前看不太懂這段描述，工作後愈來愈能體會，我想吸收新鮮的東西，而工作可以帶來新朋友，讓我不斷接觸未知的世界，讓人生變得更有趣。

04

釐清選擇的風險，出錯時能勇敢認錯

——當作品被批評、被打臉，調適心情的方法

我曾在查爾斯．韓第（Charles Handy）的書讀到，自由工作者不代表哪家公司、以自己的名義工作，直接負責工作成果，無論恭維或批評全都自己承擔。書裡的道理我能讀懂，但直到自己寫的文章被人罵、還有成千上百個按讚分享；當自己上台演講被人批評功課沒做好，台下聽眾等著回答時，才發現所謂「自己承擔恭維和批評」是怎樣的心情。

這是個人人都被社群媒體觀看的時代，以自己的名義發表內容、完成工作，一定會被人評價，能否調適好心態，也是持續下去的重要環節。讓我分享幾次難堪經驗。

十萬瀏覽次數，有多少在罵自己？

在商業雜誌當編輯時，碰到讀者批評內容有錯、不好看，或是嫌棄我們吹捧大老闆，心裡總有個擋箭牌：這不是我的原意，是老闆要求、是公司方向。即使真相並非如此，但自己需要藉口來擺脫，當事情出差錯，責任不算我頭上，是公司的責任。

直到開始寫部落格，才第一次體會「每個人都能成名十五分鐘」的感覺，以及作品被公開處刑的痛苦。

剛辭職時的我很頹廢，找不到前進的目標、也害怕再上班，為了找點事情給自己做，開始在網路上亂寫東西，也不太敢給別人知道。寫了幾個月，部落格門可羅雀，幾乎都是爸媽和親友捧場，某天早上醒來還沒刷牙，發現部落格竟被灌爆，一早上湧入十萬點閱，留言區吵成一片，**有則留言往我頭上敲了一棍：「你身為文章被大量轉載的知名部落客，不可以空口白話，寫文章要有社會責任！」**

起因是我看到面板大廠鉅額虧損的新聞，不太能理解數字的由來與成因，所以整理了一篇〈一年虧損六一五億的方法〉，換算六百億可以用來買什麼，計算這公司平均每個員工要虧損多少錢等等（開一家咖啡店一年虧三百萬都很難了，六百億可以讓兩萬家咖啡店虧三百萬）。網友覺得有意思所以轉貼，但也引來面板產業從業者的不平，批評我沒有產業知識還亂寫文章，隨著點閱次數大量湧入的留言，剛開始還能耐心回覆，後來卻只想逃開電腦前……

心想前晚我還是不敢上班的廢柴，上網寫東西只為抒發，幾個月都無人知曉，卻一覺醒來就成為你口中的「知名部落客」，只一篇文章被轉載，立刻就從「鄉民的唬爛」變成要查證、要負起社會責任、文章不能亂寫的自媒體？

雖不明白標準應該設定在哪裡，卻是我第一次感受到內容生產者要面對的風險：無法預期作品會帶來什麼影響，因此，創作者要從什麼角度出發、用什麼態度說話、為什麼寫這篇文章、想給誰看、到底在認真還是開玩笑，都會改變別人看待自己的方式。這多年前的經驗，始終是心裡的痛，讓我學到許多。

創作者的心情也許是，作品掏心掏肺沒人看，覺得孤單；但寫出來被人罵，又會覺得不甘。更多的瀏覽次數不一定令人高興，因為不確定裡面有多少是在罵自己，好文章會被傳閱，收到回應時很開心，爛文章也會被人到處轉載，處刑教訓。

批評的貼文，有上千按讚上百分享

以前我喜歡在社群媒體上開罵，看到爛文章，趕快貼上臉書奇文共賞，直到有天我自己也被人奇文共賞，在家哭了三天才學會反省。

職業生涯最後悔、最丟臉的一篇文章叫〈作者想要的出版社〉（希望大家不要搜尋，是為證明真有其事才把篇名寫出來），當年剛出書，年輕氣盛，身為作者，對於出版社運作、編輯與行銷工作有不少質疑想發洩，為此寫了一篇文章。如果說「部落格只是抒發心情」是不想負責的辯解，那麼，寫專欄可就百口莫辯了。雖然文章完成後自己再看了一遍，懷疑這樣公開沒問題嗎？但一邊心存僥倖，覺得並非刊載於大媒體不會曝光太多，一邊也需要稿費維生，於是心一橫，文章寄出，專欄上線後也不敢再點進去看。

所以說天理昭彰報應不爽。文章刊登三年後，某天朋友傳訊息給我，說出版社編輯正在討論那篇文章：「不少人罵，但我可以體會你為何要那樣寫。」我聽了感覺不妙，鼓起勇氣點進朋友給的連結，才發現文章被拿出來鞭，指責我忽略出版社編輯和行銷為書與作者付出許多努力，以及身為寫作者還跟出版社作對，實在不怎麼聰明。

看著臉書貼文裡的一字一句，仔細想，這些批評都沒錯，更恐怖的是，底下按讚和分享次數已經來到幾百上千，還在持續增加。我大受打擊，自己所寫的內容，是否真冒犯了許多辛苦工作的朋友？

於是鼓起勇氣在貼文下留言，說當初寫的也是某種程度的真心話，希望大家看看另一面的意見，**即使想緩和批評，但不甘不願的道歉並沒有用，只會加劇慘況**。現在終於知道，為何在媒體前被大家罵的人，出來道歉要以受害者姿態不甘不願，反而惹火更多人。因為事情發生在自己頭上時，我也犯了一樣的錯。

惹火了不少出版編輯與行銷人，讓我心情低落到谷底，覺得以後難在這行混下去了，我的職業和收入來源怎麼辦呢？看著指名道姓的批評，在家無敵沮喪，整整三天很想掉淚，傳訊息給貼文作者想溝通辯解，但也被對方拒絕。

後來問大前輩，寫專欄被罵怎麼辦？答曰：「**看你有沒有錯嘛，有錯認錯啊，這麼簡單！**」怪不得人家能寫專欄二十多年。終於回頭對幫我出書的編輯和行銷同事道歉，沒想到他們都寬容以對，呃，至少口頭上願意，但如果從此被懷恨在心，也是我自作孽。這次經驗讓我體會，道歉必須是真心誠意，認錯才能成立，當寫文章被罵還有幾百分享，雖然痛苦，但不可怕，因為不認錯會更可怕。

放寬心看，當初按讚分享罵我的大家，事後也不一定成為敵人，即使自己破壞了信賴關係，也只能慢慢努力累積回來。千金難買早知道，雖然種一棵樹最好的時機是十年前，其次就是今天了。

不要找藉口，但也不需要順著多數人的意見走

職涯是欠人情債和還人情債的過程，曾受人幫助，之後也要幫助別人；雖然曾有許多白目舉動、被討厭的機會也不少，工作有時得罪人、觸怒夥伴甚至網路上的許多人，但也因為曾被打臉、被批評，才學會不要辯護、學會認錯。然而，也不代表從此就該順著大家的意見走。身為獨立自由的工作者，只能自己負擔恭維和批評、自己維護工作聲譽，只要清楚所做的選擇會帶來哪些風險，能承擔，就勇敢走下去。

創作和工作一樣，有成功有失敗，有時做得不對、做得不好、做得很爛，被批評是理所當然；但換個角度看，只要去做，就值得鼓勵！即使做的不好、不對、挑戰失敗，但至少已著手產生一點成果，就勝過只想而沒有去做的人。

笨拙動手比專業出一張嘴可愛得多，有一個能讓人不害怕失敗的空間最可貴。

工作為自己負責，因為完成某件事或某個作品，而認識志同道合的夥伴，非常開

心；但在過程中因為工作理念和作品而得罪別人，也很難避免，只能在能力所及之內存活與承擔風險。自由工作不必勉強，怎麼做都是自己的選擇，如果變得不快樂、不值得，離開就好，無需悲觀。

曾被問過，接案寫文章、寫書、寫專欄，最終目標是什麼，希望影響更多人嗎？老實說，還真沒把握可以影響誰，甚至對影響別人感到如履薄冰。大前輩老是提醒我，書不能亂寫，會害死人！寫書如果對人有幫助很開心，但寫書如果害到人應該會下地獄。

如果要問**工作的最終目標**，**我想是讓自己快樂並且滿足**，**人生過得值得不後悔**，選自己喜歡的事情做，做得下去就努力，做不下去就換一目標再嘗試，這樣就好。人生應該沒那麼難，只要把每一天過好，加總起來也不會太差。或許能做到的只有這樣，但，能做到就很厲害了吧。

PARTNER·FUTURE·PARTNER·FUTU

B

期望創造的自由未來

01

取捨「想做」與「能做」，不是燃燒熱血就好

——從現在就能實行、失敗也不會倒下的事情開始

有辭職經驗的人多半能體會，剛離開工作時，拋開待辦事項的追趕好快樂，終於有了自己的時間，可以追劇、打遊戲、踏上期待已久的旅行，總算不用外食所以能夠動手做料理。但兩三個月過去，眼看銀行帳戶只出不進，存款持續降低，漸漸開始憂慮，原本想好好計畫的未來還是想不出個解答，就趕快找個工作去上班，至少有錢領。

也有人離職後開始自由工作，卻很快發現接案的時間管理並不簡單。案子不會在自己有空時才進來，同時接太多做不完，不接又怕沒收入，搞得自由工作比上班還

忙。此外，企畫開會和無心工作的時間都沒有薪水，也有原本預期的案子最後沒結果的風險，回頭算算收入比上班還少，來源又不穩定，才發現自由工作也沒有很自由。

看過也經過上班和自由之間掙扎，我發現能在受雇體制外長期生存的關鍵，是能否自己創造工作。隨著時間與經驗累積，逐漸減少受制於人的隨機委託案，慢慢增加因為自己聲譽而來的長期合作方，甚至擁有自己創造提案的能力，掌握工作自由，自己設定工作內容。

創造自己的工作，不是光憑一股圓夢熱血，燃燒殆盡就沒有之後，而是從問自己「能做什麼」出發，從現在就能著手的小目標開始，一步一步階段性達成。

能做、持續做、找出優勢、理解產業結構

我認識一位三十出頭的新生代影評人，一年最少看超過三百部片，觀影筆記從默片

時代到現代，橫跨歐洲、美洲、亞洲。他曾經從白鹿洞和線上租片公司找DVD，也利用影音串流平台，還上YouTube看五十年前的老電影、跑國家電影中心看華語老片，從新舊影集到動畫，什麼都看，有空就跑大學圖書館或上網查資料，研究電影史和電影技術的演進。在採訪他之前，我以為他對電影肯定充滿熱情，否則怎麼有動力每天看一部電影？但他說只是在**做自己「能做」的事，而不是「想做」的事**。

他高中畢業去當兵，退伍後沒方向，曾在資源回收場工作，每天負責把運來的廢棄機器解體，也做過辦公室清潔、速食店打工。有天騎機車上班路上被車撞，鎖骨骨折，因為無法搬重物不能去上班，靠車禍賠償金和保險理賠收入待在家休養半年，因為右手幾乎動不了無法翻書，最適合消磨時間就是看電影。

以前他認為電影不過是演員和道具，但看著看著，開始覺得電影有一種無法解釋的東西吸引著他，為了找出那個東西是什麼，他開始每天看一部電影。恢復工作後也持續看片、在網路上寫心得感想，還到台藝大旁聽編劇課。這樣過了兩年，慢慢從寫感想變成寫評論，漸漸有一些網路知名度，開始被其他影評人找去合作，幫忙電影工作，也有了一些邀稿機會能賺稿費。

某天晚上，還在速食店打工的他，一邊擦桌子一邊算，寫影評賺的錢已經超過打工的錢，足以維生，於是辭職開始他專職影評的人生。不過，台灣商業化夠成熟的內容平台很少，許多邀稿與評審工作來自對岸，他也不拘泥於文字影評的形式，直播或影音的工作也樂意接受，跟上產業潮流。

對於從清潔工成為影評人的生涯，我問他創造工作的祕訣是熱情還是才能？他說都不是。對於電影他並沒有特別的狂熱，只是在持續寫影評過程中發現自己有觀察力，能看出別人看不到的觀點，寫文章角度夠獨特。此外，也能抓住各媒體平台的推送規則，對當下網路流行議題嗅覺敏銳，能持續寫出熱門文章，平台使用者也愈來愈喜歡他。最後他還強調，受到當初在學校旁聽時遇到前輩貴人提攜，加入影評人協會幫忙各種專案，也是能夠增加工作經驗和收入來源的原因。

了解自己的專長、持續投入、抓住產業規則，再加上還有貴人相助，這些條件綜合起來，才讓他能夠創造自己的工作。

這段過程我認為很神奇，但他自己倒是看得很開，說影評人只是一件自己能做的事，如果有一天能力到了極限，說電影寫影評沒人看，大不了回去做資源回收，也不是非做影評人不可。

保有試誤空間，一點一滴修補調整

年輕時都以為要夠熱血、夠浪漫、燃燒熱情便能實現夢想，現在才知道，只想燃燒熱情很可怕，要求別人燃燒熱情來成就自己的黑心老闆更可怕。**想創造工作，應該從能做的事情著手，不要把自己燃燒殆盡之後就無法再振作。**

影評人朋友花了兩三年的時間，直到影評工作的收入逐漸穩定，才辭去打工開始專職。讓我發現「創造工作」不一定是先提出很完整的想法然後拚命去完成它，也可以是一路摸索、做了再說、逐漸適應與改善的修補過程。

以我自己的例子來說，不上班的八年中，收入結構持續轉變，剛開始以接案為主，如果沒案子就沒收入，讓我憂慮。之後獲得寫專欄的機會，增加稿費這項收入來源

（雖然不怎麼多），等到累積足夠多作品，有了出書的機會，出版後帶來一些演講邀約，又增加了版稅與講座的收入來源……雖然來自創作的收入還沒辦法賴以為生，但至少可以讓接案占比降低。如果創作的收入能持續提升，就有機會繼續思考各種創造工作的方法，設法把收入來源拿回自己手裡。

重要的是，從現在就能做的東西開始著手，用最小規模、即使失敗也不會出現生存危機的方式去嘗試，一步步找出機會。創造工作不是一或零、全勝或全敗的比賽，而是設法持續足夠久，在過程中找出機會、鍛鍊能力的旅程。

也可能因為接案表現好，被延攬成正職

此外，在長長的職涯中，自由與受雇兩種體驗都可以豐富人生，或許**不要把自由工作者當成「失敗的上班族」**，**也不要把回去上班當成「自由工作的失敗」**比較好。上班經歷可以培養未來辭職成為自由工作者的能力；自由工作者在辦公室外觀察到的產業現象以及自我管理經驗，也可以成為找到下一個工作的資產，兩者並不互斥。

未來職場不會是「進入穩定大公司，一份工作做二十五年到退休」的模式，經過了世界規模的新冠肺炎疫情，各種雇用和工作形式都開始被討論。在這樣大環境下，多階段、多元化的工作經驗肯定會愈來愈普遍，工作者上班幾年後成為獨立於組織外生存，體驗自我管理的生活後再找工作上班，在公司體制內外自由來去的案例肯定會增加。

許多自由工作者也因為在委託案中表現傑出，被合作對象延攬進公司上班，或許把回到職場當成一個長期、大型的專案，完成自己想做到的目標後再離開，繼續展開下一段自由工作的生涯；也可能遇到合拍的企業，決定回到體制裡成為工作者或主管。

就算一開始對自由工作期待很高，卻發現收入不穩定、自我管理不輕鬆，還是找一份正職工作比較好，這段獨立自主的旅程也不會白費，至少曾經自己擔負風險、尋找案源、嘗試創造工作的可能，也深知時間管理的經驗，這些個人技能的累積都可以成為重回職場的養分。

長長的職涯有許多可能，每個人應該選擇適合自己的生活方式。只是我比較渴望擁有獨立生存的能力，想嘗試創造工作、在工作中找自由，我會試到失敗前那一刻，並且為此做好持續奮戰的準備。

02

不找現成職位，自己設定工作型態
——做什麼都好，設法做出成果，吸引人願意買單

立志成為自由工作者後，我讀了查爾斯·韓第《大象與跳蚤》一書，記錄他四十九歲時離開石油公司和學校教授的穩定職位（大象），成為寫作和演講維生的獨立工作者（跳蚤）的各種想法。其中有一段提到，**韓第給他兒女的職場建議是：「不要找老闆，而是找客戶。」不要找一個職位等老闆付薪水，而是用自己的專長與能力找出願意付錢的客戶。**

辭職時我只讀到這個觀念，當成目標但疑惑如何實踐，之後漸漸在工作與工作之間摸索出可能的做法，與大家分享。附帶一提，《大象與跳蚤》雖然早在二〇〇〇年

出版，二十年後仍然很受用。

填補職務說明的需求？

上班時最困擾的問題是：**為什麼總是「人」去符合「職位」的需求，而不是職位來符合人的需求？**我們都把找工作稱為「求職」，隱含著人去求一個職位讓自己待著。面試時，是長官根據職務說明書來判斷求職者是否合格；員工接受雇用，填補業務運作需求的缺口，自然是以公司為主體，而不是以人的個性與能力為主體。

上班時，總覺得無法完全施展手腳，如果我原本的形狀是三角形，但職位要求可能是四方形，為了讓能力符合職位，得把自己延伸過長的兩個銳角切掉，再努力長出能補滿四方形空隙的專業，自然很難在工作中感到自在。

職場裡有句名言：**哪有百分之百滿意的工作，只要百分之八十，不，百分之五十是自己喜歡的內容，上班就值得慶幸了。**

在龐大組織中與許多成員協作，肯定有各種例行事項要遵守，有各種表單、規格要填寫，這是工作必要之惡，或許也不算惡而是組織的必然。老闆付薪水不是為了讓你開心，還包含處理令人崩潰瑣事的部分。

但，如果我原來就是一個三角形甚至六角形，有沒有可能創造出符合自己個性與能力的工作，而不需要切掉多餘的手腳，可以順著自己的形狀長出其他專長呢？現在的我認為自由工作有可能做到，只是需要培養「創造工作」的能力；而在既有職位上班不見得做不到，只是我個人挑戰失敗，更優秀的工作者應該有辦法完成。

用自己的能力長出工作

當雜誌編輯的時候，我每個月都在爭取自己的提案企畫能被會議通過，讓老闆、同事點頭，當時總夢想有一天自己能主事，想做什麼都可以做。

和同事討論理想工作內容，「當專欄作家好像不錯，想寫什麼都可以，感覺很自由。」只是對怎樣才能成為專欄作家，以及專欄作家是否真的自由一概不知。

很後來的我才知道，創造工作不是用想的、用找的，而是自己先做點什麼，再看看有沒有機會長成一個工作。先不論做什麼，去做是最基本的條件，做了再說。

我的第一個專欄機會來得很意外。辭職休養那年無所事事，整個夏天跑音樂祭、去離島旅行、在海灘填補被上班折磨的疲勞身心，回家就是打電動、上網，徹底頹廢，每天玩樂的生活一開始很爽，但三個月後就變成害怕，覺得自己是廢柴感覺並不好。為了找事情給自己做，開始在網路上寫文章，原本只是玩票性質的樂趣，後來逐漸在網路上遇見同好，給我鼓勵、催促我繼續寫下去，我也就更認真研究，持續寫文章，反正辭職在家裡沒事幹，有一件維繫日常的「工作」還不錯。

有一天，因寫文章而認識的同好告訴我，有個網路新媒體剛成立，正在徵求新寫手，他覺得我的文章滿有趣，建議投稿試試看。當時正在思索自己為何在職場中挫敗，於是以這個主題投稿，沒想到獲得錄用。一開始的合約三篇，反應不好就沒有之後，很幸運地，三篇之後對方願意和我長期合作，就這樣開始了第一個書寫「人與工作的關係」的專欄，之後才有了出版社探尋出書的可能。

這段經歷讓我學會，**即使不是以專欄、出書為目標才開始寫，即使內容只是個人偏狹的興趣，只要持續寫，有朋友鼓勵和支持，讓文章有人看，才有寫專欄和寫成書的機會**。若自己不先動手做點什麼，光是坐著等，機會永遠不會上門。

不是事前計畫詳盡，而是邊做邊改、做了再說

直到寫專欄也出書，才知道自己有能力寫專欄，有機會成為作者。如果當年離職前有人告訴我：「幾年後你會寫書」我只會覺得他在說笑話，甚至願意賭一百萬我不可能當作家。我一直是個普通的編輯，有什麼能力寫書，就算寫了，又有誰要看？

當然，雜誌編輯工作訓練了我寫作、企畫題目的能力，還有在固定時間交稿的專業紀律；也讓我認識內容產製流程，知道在這行業裡有哪些工作機會。開始自由工作後，過去認識的朋友前輩也幫助我許多，這些都是我能生存下來的條件。但我從未計畫之後的路，而是在過程中不斷做嘗試，看看能衍生出些什麼，路如果能走就走走看，這條路走不通就換另一條路走，持續嘗試錯誤。而且我直到現在都不算成功，時時刻刻自我懷疑，到底能寫什麼，就算寫了又有誰要看？

回到文章開頭，直到很久之後我才體會——

「找老闆」和「找客戶」的不同在於：找老闆，是以對方的需求為主，設法用自己的能力去符合條件；而找客戶，是從自己的能力出發，先做出初步的成果，再設法找出被市場買單的方法。

找客戶的技能，或許和群眾募資有點類似，不是空口白話要人投資自己，而是做出一些產品的原形、簡易版本，只要有客戶覺得這東西有趣、有用，願意付錢購買，那就創造出一個工作。

過程中一定有批評，請堅持下去

年輕時看到別人的作品，總會下意識地認為：「不過是這種程度，我也做得到啊！」自我感覺良好。但，說出「我也做得到」之後的一年、兩年、更多年過去之後，我還是什麼都沒做，反而那些創作者一直持續創作。隨著時間累積，他們已經成為某個領域的專家，而自己還是坐在原地出一張嘴，高談闊論人家不過爾爾：「要是當年我也開始創作，現在應該和他差不多……」

直到成熟穩重一點之後，終於了解許多事情不是「我也可以」，而是「其實我不行」，如果我也可以做到，早就已經動手，並且已做出成果，不會只剩一張嘴才對。當我在這裡評論別人，而別人早就打造了自己的工作，等到多年以後，我卻還在堅持：「要是當初怎樣怎樣，現在我也如何如何……」

承認自己做不到，才體會到《圈外編輯》**都築響一所說：「二流創作者比一流評論家更值得尊敬」**，因為創作者真正動手做出來成果，或許他失敗、或許很難看，但評論者只出一張嘴，又承擔了哪些風險、做了什麼？

今天我仍然不認為自己有什麼資格寫書給人看，但我還是寫了，更希望有人願意買。很多人比我有資格寫，但或許他們因為種種原因沒有寫、不想寫、懶得寫、沒必要寫，而我只是寫了，就只有這樣。

我會繼續寫下去，希望寫出有人願意買的書。如果有天沒有人買，代表我某一個創造工作的嘗試失敗，但永遠還有機會嘗試其他路線，用自己的一身能力長出三角形、五角形的工作，繼續找市場買單。希望可以不用找老闆付薪水，而是找到客戶合作，用自己的專長從市場換取報酬。

03

生存焦慮與不安全感，推動自己持續進步

——完成每一個專案、每一次挑戰，會變得更強

開始自由工作後，我感受到兩種矛盾心情。一是能完全掌握自己的職業生涯，覺得終於能「開始做自己」，工作不必聽命於誰，不再為了別人的目標努力；不過相對自由的代價，就是「無法移除的焦慮」，無論自由工作多久時間、做出多少成績，還是會感覺朝不保夕，對自己的專業能力與未來收入感到憂慮，覺得隨時可能做不下去。

接到一個有機會表現的專案，很興奮，酬勞入帳時覺得開心，但下一季、下半年、甚至明年的日子該怎麼過呢？寫出一本書，感覺當然很棒，但如果下次寫不出來、

賣不出去呢？這次市場反應不錯，下次還有把握能夠嗎？誰也不可能知道。

把自己放在「不努力就活不下去」的位置

曾覺得這種焦慮感很恐怖，後來才知道，即使接案十年以上的自由工作者、才華洋溢的作家和設計師，都和我一樣有類似的生存焦慮。發現自己並不孤單，頓時安心許多。又花了幾年去了解，想克服這種焦慮的唯一方法，就是持續規畫未來（打造可持續的環境），努力找事情給自己做（維持產出），設定目標向前推進（增強專業），想辦法存活下來。

都說生於憂患死於安樂，脫離公司組織成為獨立工作者，願意捨棄安樂，也只是為了運用這樣的憂患意識，提升自己的存活技能吧！我並不是有才能又專業的工作者，但至少可以把自己放在「不努力就有可能活不下去」的位置，逼自己慢慢變強。

最初或許不喜歡這種生存焦慮，**總在成功完成任務後覺得自己好厲害，做出沒人能比的作品，又在工作面臨困境時覺得自己不行了，再這樣會活不下去，心情在兩個**

極端間擺盪。可是只要每隔一段時間回頭檢視，便會發現自己比以前更厲害，開始能把生存焦慮當做助力。告訴自己只要完成每個專案、每次挑戰，每次度過新的一天、一季、一年，都只會變得更強，不會更弱，激勵自己不斷往前，追求更專業。

自由工作這條路，大家都是做中學。不同產業結構有不同工作模式，身處相同產業的不同工作者，也有自己的選擇與專長，每個人走的路不一樣，所以沒有標準公式參考。

到公司上班至少有新人訓練、有公司制度和主管可以問，但自由工作的路上需要哪些準備？還是要靠自己摸索與累積經驗。好消息是，**沒有固定的成功模式，代表每個人都有機會做自己想做的事、打磨出想要的工作樣貌，若無法套用哪個職位說明，那自己創造一個就行**。每天早上醒來決定想做什麼，完全掌握自己人生方向實在很爽快，想不依循他人的腳步，就要有自己開闢新道路的勇氣，成功失敗的風險，也願意自己承擔。

留在公司組織，不見得沒有風險

或許有人會說，**選擇這條自由之路會很辛苦，但工作生涯應該沒有捷徑。成為獨立工作者當然有風險，但在穩定的大公司上班，難道就沒有風險嗎？或許不一定。**

當公司員工當然擁有組織的保護、穩定的薪資與各種福利的支援，卻是把終極的工作意義與目的交給老闆，為別人的目標服務。此外，面對產業轉型、科技創新與升級，也有被時代淘汰的風險，當公司經營不善，員工也難保職涯。

在我擔當紙本刊物編輯時，同事們都焦慮，以前記者只要具備採訪與撰稿的主要能力，但未來很肯定需要企畫腳本、拍攝影音與剪輯、經營網路社群的技能，否則就會被時代淘汰，而到時不具備新能力、薪資成本又高的老員工，或許是職涯最有危機的一群。組織愈大、調整愈慢，面對科技與轉型，既有業務都忙不過來的情況，難有多餘時間精力去學習新東西，留在公司體制內也一樣有風險、一樣會感覺焦慮、一樣也要持續學習新能力。

獨立出體制外當自由工作者，自己維護職涯雖然辛苦，但也有享受之處，每次開拓新領域、逐漸累積更多勇氣，帶來更豐富的選擇，人生也會比公司組織裡的員工更多彩多姿，能展現自己的創意、為自己負責，自由的滋味如此迷人，不捨得放棄。

維持最佳狀態的三個方法

要設法在生存的焦慮和自由的快樂之間維持最佳狀態，只有持續投入工作、享受過程，並且盡可能定期產生成果，以及提升專業。以下三個周邊條件會非常有幫助——

1. 建立可持續的環境：有固定的工作產出讓人心安，為了維持產出，打造一個空間和一段時間讓自己去做該做的事，很重要。

自由工作者雖然不像上班族有辦公室，但也需要適合的空間，可以是自己的房間、喜歡的咖啡店、共同工作空間。不需要非常固定，也可以是兩三個地點的組合，前提是這空間要能方便取得工作工具（身為文字工就只要帶著電腦和筆記本，參考書籍就夠），幫助我進入空間即進入工作狀態，就像坐進駕駛艙一樣啟動引擎。

我曾租過共同工作空間的座位，也向朋友分租房間當工作室。現在則有固定去工作的咖啡店。時常在房間寫稿不順就出門走到「工作室」，路上透透氣，到店裡繼續完成；或去店裡喝咖啡、找老闆聊天、吃東西上網，調整狀態再回家寫稿。習慣的工作環境幫助我持續產出。

此外，每個人也都有習慣的工作時間，長久以來，我養成下午兩點準備工作狀態，三點或四點開工，到晚上八九點收工，有時很認真，等工作做完才吃晚餐。我也要求自己每天至少好好完成一件事，認真三四小時就稱讚自己。

當然也有一些幫助開工的「儀式」，比如散步路線，或是趕稿必吃的零食，就算不出門，有時也會換上正式服裝有正式出擊的感覺。找出一套方法建立持續產出的環境，只要不斷累積，每次回顧過去完成的成果，都能安撫內心的不確定感，累積不會白費，通往未來的可能或許就藏在努力裡面。

2. 不要忘記工作的意義：知道自己為了什麼目標而工作，才能取捨哪些事該做、哪些不該做。

自由工作一定有高低起伏，當幾個月都接不到案子、沒有收入時，是什麼原因支撐自己繼續努力？當拚了命找案子賺錢沒日沒夜，覺得為誰辛苦為誰忙時，又是什麼給你勇氣，去拒絕不符合終極目標的工作？

可以是為了錢、為了達到某個收入水準，也可以是為了擁有自由時間，擁有何種程度的影響力，甚至是擁有能夠跨越國界工作的能力……不論哪一種目標，請常記在心裡，它是面臨取捨與懷疑時的指南針，也會是客戶決定信任或拋棄你的原因。

3. 維持健康的人際聯繫：有能請益的夥伴，讓我們能熬過困難時刻，產生勇氣承擔風險。

自由工作者沒有同事，雖然減少了辦公室政治和乏味的會議，卻也時常覺得孤寂。擁有能尋求協助的同伴很幸福，無論親密的家人、可靠的朋友、業界的前輩，即使不需要明確專業的工作建議，只要有人能分享自己的疑慮，許多時候都能支持我們走下去。

我時常在對別人訴說煩惱時，才想出解決方法，一個人悶著思索反而容易掉進漩渦裡。有問題請教別人並不丟臉，或許從別人的視角與對話中，會讓我們了解自己應該扮演的角色、應該採取的定位，知道自己下一步該做什麼。

於《哈佛商業評論》二〇一八年三月號的〈成為零工經濟贏家〉（Thriving in the Gig Economy）讀到一句話：「必須在可預測性與可能性之間取得平衡，也要**在生存能力（可望持續接到工作）與生命力（在工作中感覺到自己的存在、真實與活力）之間取得平衡**。」希望珍惜每次工作的緣份，一步步打造出獨一無二的工作，在生存焦慮與自由掌握之間，努力保持最佳狀態，磨練專業。

04

面對不確定也敢做決定，相信運氣會在身邊

——成功失敗都無妨，只要願意嘗試不同

本書開頭第一篇文章寫到，第一次體會到寫書有社會責任，是認識的新朋友對我說：「**我看了你的書就辭職了，也開始自由工作。**」

寫書收到讀者回饋，覺得文章有共鳴、有幫助，都讓我很開心，卻也擔心內容會不會害人誤入歧途？畢竟寫作主題不是職場升官發財的建議（也沒資格寫），只是我離開正職受雇體系後的個人存活經驗，能給人幫助嗎，至今仍然持續懷疑。

對創作者來說，能抵抗這些不確定性、繼續努力下去的，只有誠實面對自己。至少

不寫自己不相信的事，也不寫自己不會做的事，用自己的人生下注，動手實踐嘴巴說的想法，坦白說出過程面臨的掙扎與風險；同時也知道，比自己厲害的人很多，我選的不過是眾多可能性的其中一種，或許還不是最好的一種。

事情完成之前，沒人有資格做

看那些成功的創意人，比如蘋果的賈伯斯（Steve Jobs）、日本的秋元康（身兼作詞家、偶像團體製作人、當過電影導演還出版小說）都說，他們不做市場調查，只向市場推出自己喜歡的產品。以前總覺得「因為你是賈伯斯」、「因為你是秋元康」才能如此任性，一般人哪有機會這麼亂來？後來才明瞭，早在這之前，他們已經堅持這個選擇很久、很久，才慢慢成為賈伯斯、成為秋元康。在這之前可能有過一百個賈伯斯、一千個秋元康做同樣的選擇，只是有些堅持不下去，有些可能在途中陣亡，最後倖存的是那一兩個任性的天才。

面對不確定性，能找到自己的目標，願意做出取捨和選擇，承擔風險，設法在各種機運中存活下來，才能爭取機會走出一條新道路。

我沒資格寫專欄，但還是寫了；沒資格出書，但還是出了，可能幸運得到機會，也只能繼續寫下去、繼續做下去，直到失敗之前盡量不要放棄。很多人比我更有資格發表觀點，但他們沒有這麼做，而我寫了，如此而已。**每一件新事物，直到做出來之前，誰都有資格去做，因為資格是透過實踐掙來的，不是嘴巴說出來的，那無關成功失敗，卻和願不願嘗試有關。**

比起天賦或努力，選擇更重要

那麼，下一個問題就是才能。很多人問，天賦和努力哪個重要？年輕時的我也很迷惘，但現在覺得，比起天賦和努力，做選擇更重要。

我和小說家討論寫作才華，她舉的例子令我印象深刻。小說家曾採訪一位開道館、教巴西柔術的女格鬥教練，這位教練很有天分，別人練兩年的東西，她一年就可以練成，很短時間就拿到黑帶，甚至到國外學習。只是她不打比賽，而選擇當教練，小說家問她為什麼呢？

教練回答：「格鬥欸，會被打臉！」能站上擂台的人，技能都練得相差不遠，剩下要拚的是心理素質。她不喜歡被打，自認心理拚不過人，也不想拚，所以選擇當教練。即使有「努力一年抵別人兩年」的天分，格鬥家也不一定想上台打人或挨打，有才華的創作者也不一定願意持續創作，一次又一次把作品放上市場，被大家檢驗，被笑、被罵或被吹捧。我了解自己才華有限，但可以在擂台上一直輸、一直輸，還是覺得有趣，願意選擇打下去。

寫作是我的工作、我的專業，**當然會羨慕更有才華的朋友，甚至偶爾會嫉妒：為什麼我沒辦法爭取到那個專案？為什麼別人找他卻不找我？但，嫉妒沒有用**，認清事實，的確才能不如別人，但反過來說，並不代表我無法從事寫作這份工作。

因為認識太多有才華的創作者，看到他們的創作過程和作品，深深了解期間差距不是「只要我比他加倍努力」就能克服，真的令人非常害怕。但為了求生存，我知道自己**絕不能做出和他們一樣的選擇，而是要找出其他可能的道路**。在別人擅長的戰場只有死路一條，開闢新世界才或許有生機。

我寫不出精緻雋永的文章，不能跟別人比文筆和技巧，但還是有機會找出不同觀點切入，就算同一個主題，只要有辦法寫出不一樣的角度，或許也是一條活路，把「看事情的角度跟別人不同」當成目標，可能還有機會做出區隔。另外，如果不能和其他創作者比才華，還能設法讓有才華的人願意和我一起工作。不需要很厲害才活得下來，做不到金字塔頂端那個最厲害的人，就讓厲害的人找我參加工作吧。

不像考試或電玩有標準答案、有計算公式、有最佳解法，人生沒有最佳，也不能重來，時間不停地過，有時甚至不是在預期的好與壞之間選擇，而是只能在壞與更壞之間取捨。如何選擇自己要承受什麼，怎麼決定要承受到什麼時候，是在才能和努力之上更重要的問題。人生是選擇出來的。

把人生當成創作，想像力不夠就用實際行動來彌補，控制風險不會大到無法承受，期待有天做出成果，中途陣亡也別後悔就夠。

未來難以預期，但也因此有趣

另一個辭職開始自由工作的朋友問我：「能不能想像五年後的自己，然後反推現在該做什麼？」自由工作至今，發現很難預測未來，但不代表無法預做準備。

上班時比較可以想未來，因為上有主管、有高層和老闆，身處有系統的公司組織，至少能探問往上爬需要具備哪些條件、走過怎樣的心路歷程。但自由工作或創作，沒有既定的職涯，有可能參加某個專案以後，被找去從事相關任務，是之前沒想過的；也可能做了哪個作品帶來意外的迴響，或發現自己原來更擅長的是其他領域，就此偏離原訂走向，而前往之前沒想過的路上。這是自由工作好玩的地方，有趣時每天都像在冒險，瓶頸時每天都覺得過不了關，只能努力持續產出、實踐、動手做，讓每天至少有一點收穫。

雖然說來老套，但相信珍惜每次工作的緣份，慢慢摸索，就有機會創造獨一無二的工作。我做過許多沒想過有機會的工作，有些當下覺得好累好累，有些或許不想做第二遍，但也有些因此開拓了全新的朋友圈，讓我慢慢成為和以前不同的工作者、不同的人。

曾經因為朋友介紹朋友，加入專案環島採訪農友，實際和農友談天，了解天龍城市以外的世界。也曾因為臉書上的廢文，被找去看日劇寫心得評論，雖然稿費收入和投入的時間不成比例，卻也因此開拓了和另一個專題合作的機會，就算沒有後續的機會，但看了很適合自己的劇也夠滿足了。

因為做了某件事，別人看到後便可能找我去做下一件事。工作帶來的正向循環，會帶我到沒想過的地方，而不是始終在相同的地點做一樣的事情。

或許途中會有挫折，但只要這個循環能持續下去，我會變得和過去的自己不一樣、和其他的工作者不一樣，慢慢創造出自己的工作。整備好持續下去的條件，在時間和金錢、工作和休息之間取捨選擇，建立可支持長久的後勤體制，公平對待合作夥伴，承擔風險以判斷每個可能的機會，只要採取行動，並相信運氣會站在自己這邊，邁開下一步，努力生存。

05

「劉揚銘」一人公司的二〇二〇年度會報

——雖然在前面兩個路口摔倒，但我還會爬起來，繼續前進

如果上市公司有年報，身為一人公司的自由工作者，也可以提出年度回顧，讓支持的家人朋友（股東）了解自己在做什麼，給合作夥伴和案主（上下游協力廠商）參考定位走向。更重要是自我評估：今年比去年做得更好嗎？長期累積了哪些東西，是否朝希望的方向前進？哪些地方應該修正，哪裡走偏了需要調整？

基於這樣的心情，寫下「劉揚銘」這家一人公司的二〇二〇年報。雖然過去也做年度回顧，但都是自我完成、很少對外公開，不過，在二〇二〇年決定把人生當成一項工作、一份事業、一個公司來經營，察覺自己雖然能獨立工作，但無法獨自生

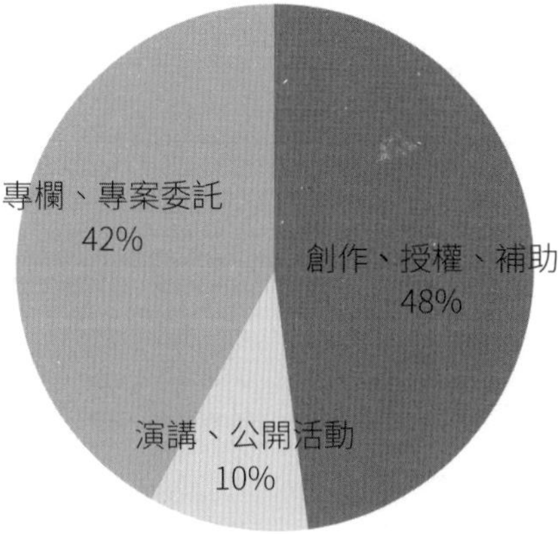

圖 7：二〇二〇年收入結構。

存，自由工作的選擇有賴身邊親朋好友、合作夥伴的支持，從這角度想，年報公開就有意義。

確認收入結構：半數來自創作

先說重要結論，計算了二〇二〇年的收入來源，結構是：

48%來自創作、授權、補助。

10%來自演講、公開活動。

42%來自專欄、專案委託。

來自創作的收入幾乎達到一半，雖然其中包含勞動部因應肺炎疫情的紓困補助，但多年轉型似乎能看到一點成果。

二〇二〇年給自己最大的目標，是從過往「接案為主」的工作型態，轉向「創作為主」。雖然目標說了兩三年，但在「知道」和「做到」之間是漫長的過程，這一年，終於能說自己做到。

做什麼呢？就像許多台灣公司「從代工廠轉型品牌商」，今年我終於能實現「一人產業轉型」，把用來接案的時間減少（只花了五十六天）以增加個人創作的時間（花了一百四十六天），讓創作帶來的收入成為主要來源，專案委託收入成為次要。

自由工作前七年幾乎是「先接案賺到錢，剩下時間才創作」，二〇二〇年終於反轉為「時間優先用於完成創作，其餘有空才接案」。**產業轉型困難在接案（代工）賺錢比較容易，創作（品牌）要能回收很困難，若想把時間留給創作，等於放棄接案收入的機會成本，把能夠賺錢的時間拿去做不知有沒有收入的創作，需要決心。**

即使願意犧牲短期收入換取長期可能更大的效益（只是可能，還不一定），也需要能撐過這段時間的財務基礎。至於如何成功穿越這過程，我也還在學。還是得先打預防針，雖然二〇二〇年收入「比例」看來不錯，創作成為最大宗收入來源，接案變成副業，但若看收入「絕對值」那就科科了。

工作與休息平衡：難道需要更多休假？

談完收入，接著回顧二〇二〇年工作狀況：

◎個人創作146天
◎接案工作56天
◎生涯投資23天
—225天（對比：一般勞工250個工作日）
◎休息放假141天—141天（對比：一般勞工116個國定假日）

在閏年三百六十六天中，一百四十六天用在創作，主要是寫一本關於工作的書（預計二〇二一年三月出版），還有製作個人網站。五十六天用來接案賺錢，半玩笑半認真地說，一年接案不到三個月，請案主儘速把握以免向隅！二〇二〇年書稿寫作比想像花了更多時間，寫完後，二〇二一年可能會多安排一點時間來接案賺錢。

有二十三天用於生涯投資。在二〇二〇年認識的新朋友包括文學作家、新世代編輯人、資深記者、還有自由工作媒體人。此外，也參加了兩次Podcast錄音，增加產業新體驗。還和阿宅同好一起看了《東京愛情故事》日劇二〇二〇年版是非常棒的回憶，也有幸參與御宅論文研討會與談，討論女僕咖啡文化演變！

有一百四十一天用來休息放假，對比台灣勞工全年一百一十六天的國定假日，好像多休了一個月……幸還是不幸呢？**曾經過勞辭職，終於認清自己比別人需要更多休息時間，自由工作可以隨心調整休假與工作比例，是我喜歡這個身分的原因。**二〇二〇年無法出國，但跑了兩次台中小旅行，看日偏蝕、吃小吃，二〇二一年想要安排更完整的旅遊計畫。

成為文字工作者的基本：取捨文章品質與修改次數

二〇二〇年最重要的創作是完成一本書稿，寫了近十五萬字，總計使用一百一十一天，其中九天發生在二〇一九年（重要數字：創作時我的速度大約每天一千五百字，對比這篇文章彙整，專業創作者每天兩千～三千字是合理範圍，有待加強）。

此外因為反覆修改，書稿第一版寫到六分之一時砍掉重練，二稿寫到一半又砍掉重練，最後三稿寫完，寫過的十五萬字只剩下大約九萬字堪用，還得過編輯那關，才知道最終還需要多少修改。

如此大幅度刪改寫過的東西，是自由工作以來的第一次。過往受雜誌編輯訓練，認為「稿子一次到位最快最好」，是因為在校稿過程中修改愈多，造成的錯誤會愈多，**以賣文章賺錢的效率來說，稿子不用改最好，能否一次寫出精準、到位、吸引人的文章，我還需要修練**。

以往認為稿子改愈少愈好，但認識愈多文學作家，都說大幅修改、刪減是創作必經之路，因為創作者為作品負全責，希望交出最好的作品。不過寫得慢、改得多，結果也不一定比較好，有時切入角度精準、寫得快的作品結果更好。如何在修改次數和文章品質之間取捨，是今年新收穫。身為文字工作者（算職業寫作者嗎）的我，需要向文學作家們多學一些。

話說回來，二〇二〇年書稿反覆修改，是因為說話的角度拿捏不好，**我能站在什麼**

立足點、寫什麼內容、對誰有用？在沒想通前就貿然下筆，以致於自己心虛（畢竟是要販售的書）。可是若不先貿然寫點內容，似乎很難一下就找對書寫定位，所以才造成事後反覆修改。經過這年跌跌撞撞的創作經驗，希望未來能寫出更好看的作品，朝專業作家邁進。

關於創作，總的來說，二〇二〇年最大收穫，是在效率與品質，輸入與輸出之中，慢慢找到自己的位置。

從一人到多人的合作關係：感謝長期夥伴與新夥伴

回顧完一百四十六天的創作，接著談五十六天的專案工作收穫。

二〇二〇年主要合作對象依然是誠品書店、《數位時代》雜誌、華山文創園區、椽椛文庫的《圈外》雜誌，都是長期維持關係的夥伴，讓我在產業裡得到安身的位置，非常感謝。

在肺炎疫情之下，演講與公開活動比前年減少，尤其年中以前幾乎全部取消，收入也跟著減少，年底疫情緩和之後各種講座才稍微恢復（但二〇二一年初肺炎變種疫情又起……）。果然，收入來源多元化比較捱得住風險，實體活動之外，線上課程和講座也應該列入嘗試範圍。

有舊雨也有新知，二〇二〇年多出寫書評的工作，能收到新工作邀請，或許和網站持續寫一周閱讀筆記相關？累積一些經驗後發現，我雖然還沒有資格為書「評論」，但從導讀、推薦的角度出發，是我喜歡也擅長的事，過去雜誌編輯的訓練正是「代客讀書」，因此為書導讀與推薦是我能做得不錯的工作，也希望自己成為更專業的閱讀者、導讀者。

理想工作背後的現實面：關於寫作字數與賺錢效率……

終於回到令人害羞的賺錢話題。從文章開頭的收入比例大概能猜到，只花五十六天的接案工作收入，和花了一百四十六天的創作工作收入差不多的話，那接案的賺錢效率，肯定比創作高很多吧？的確沒錯。

因為沒有詳細統計，只能粗略估算全年寫了二十八萬字，近一百篇文章。每個月平均兩萬三千字，已是過去的兩倍多——從編輯到自由工作的生涯，我始終維持每月一萬字左右的工作量，不是太勤勞的寫作者，但如果未來想正式以創作為主，應該要把產量開出來，用量變產生質變。

在年度二十八萬字中，約十五萬字書稿，砍掉重練兩次，最後使用九萬字左右（留用率約60%）。約八萬字寫在個人網站、粉絲專頁，二十五篇閱讀筆記，與數篇一千字左右的工作雜感、尾道旅行筆記。無收入。約五萬字是專欄以及各式專案委託。（附註：提出數字對比，我敬佩的龍貓大王全年寫了五百五十二篇文章，以他的標準這數量還算少，讓我發現自己的渺小）

◎接案大約能達到2～3元／字收入。
◎創作只能達到約0.6元／字收入。（努力把書寫好、賣好，提高版稅吧！）

就上述的估算，我們可以知道接案日薪大約兩千六百～三千元／天；創作日薪差不多是九百元／天。**當然，工作不能完全用字數、天數來計較，就像許多球員能影響**

比賽勝負，但數據上看不出來，只是把統計數字當成某種指標湊合著用，多少看出一些大方向。

我給自己設下每天工作賺三千元的標準，是因為如果每月工作二十天，約等於月薪六萬元（因為勞健保必須自己付，事實上不到六萬）。二〇二〇年和過去幾年一樣，雖然賺錢效率沒達到每天三千元，但沒差太多，維持得不錯——以我貧弱的標準而言，厲害的寫作朋友們就別笑我。

因為接案工作總量減少（畢竟只花五十六天在接案），收入跟著減少，收入就不說詳細數字，不過線索很多，加減乘除一下還是可以算出來的。二〇二〇年是自由工作以來收入最少的一年，也是「一人產業轉型」的代價。

等等，收入減少可能稱不上「代價」，因為如何賺更少錢還能活下來，是我自由工作以來一直努力實現的目標，如果能降低生活成本，不用花太多時間去賺錢，就能擁有更多自由時間去嘗試人生，我認為時間比金錢更重要。

自由工作九年總結：創作與接案黃金交叉

圖8記錄了二〇一五年～二〇二〇年，每一年使用時間的方式，用幾天工作、花幾天創作、把幾天拿來休息、幾天用在生涯投資，可說是自由工作的縮影。可惜二〇一四年以前記錄工作的方法不同，沒辦法畫進同一張圖裡，而二〇二一年起將改變記錄方式，未來項目無法通用，剛好今年製作這張圖，為自由工作九年來做出第一階段小結。

很高興地說，這是我從一個「接案者」慢慢變成「創作者」的過程。

雖然寫作沒有特別厲害，有點懶散也有點軟爛，還在兩個路口前摔倒，但這篇年度報告正是希望把自己跌倒的過程記下，或許能給後面出發的人參考，現在出發的人之後大概很順利就能超越我，不過，我也還會爬起來，繼續前進的喔！

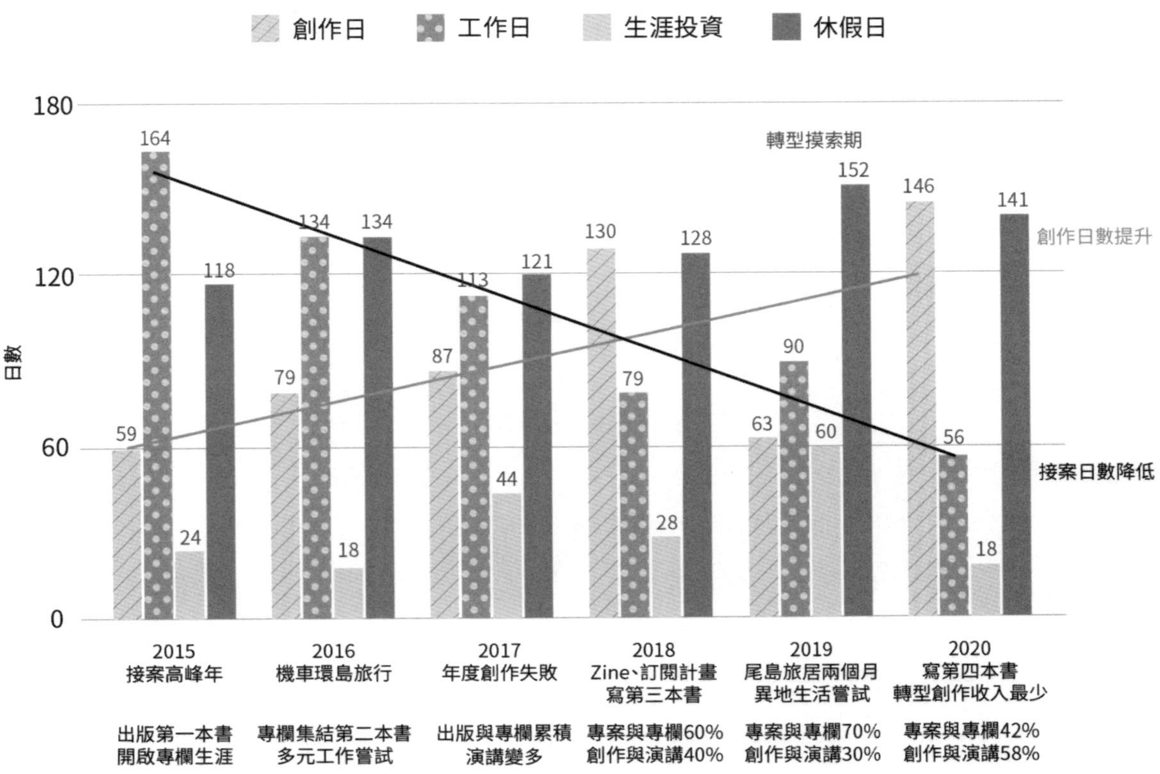
創作日
工作日
生涯投資
休假日
日數
180
120
60
0
164
59
24
118
79
134
18
134
87
113
44
121
130
79
28
128
63
90
60
152
146
56
18
141
轉型摸索期
創作日數提升
接案日數降低
2015
接案高峰年
出版第一本書
開啟專欄生涯
2016
機車環島旅行
專欄集結第二本書
多元工作嘗試
2017
年度創作失敗
出版與專欄累積
演講變多
2018
Zine、訂閱計畫
寫第三本書
專案與專欄60%
創作與演講40%
2019
尾島旅居兩個月
異地生活嘗試
專案與專欄70%
創作與演講30%
2020
寫第四本書
轉型創作收入最少
專案與專欄42%
創作與演講58%

圖 8：自由工作年度總結，創作日與工作日的對比。

就算中樂透，
還是會繼續寫下去

——寫作者都對未來焦慮，如何做好持續的準備？寫作是孤獨的工作，家人與同伴如何互相支持？當作品被批評、工作面臨瓶頸時如何度過？文學與商業職場寫作者，有哪些相同的意見和不同的觀點呢？

商業作家

對談人｜劉揚銘（自由作家）

曾是商業雜誌編輯，就職後才正式開始採訪與寫作，沒想到離職後成為書寫工作的作者。還在思考寫作到底是工作還是創作。

工作即生活：劉揚銘

vs.

文學作家

對談人｜陳又津（小說家）

十七歲立志當作家，二十七歲出版第一本小說，堅持十年才站上舞台。當過出版社編輯、周刊人物記者，目前專職寫作，想繼續釐清虛構與非虛構文體是否有邊界，創作深到內心何處才動人而不傷人。

陳又津 YuChin Chen

Issue 1

現實條件焦慮，幸好有同伴支持

劉揚銘（以下簡稱劉）：一開始就問最現實的問題，很多人說當作家會餓死，你會焦慮寫作這條路有一天會走不下去嗎？

陳又津（以下簡稱陳）：身邊的專業寫作者包括我自己，目前看來生存不會有問題，現在有各種補助、各種資源，可是所有人還是非常憂慮，所有人，也說不上來為什麼。但我去採訪作家楊双子，她十五歲開始打工，和雙胞胎妹妹財產加起來只有兩千多，每天只能用一百元解決三餐，一沒收入就會斷炊，連楊双子都可以自由寫作，你跟我說寫作會餓死？我不相信。

劉：我覺得因為這種憂慮，才逼自己要進步，要持續找新方法完成作品，找可以維生的方法。假設有個富豪每年給我一百萬，我搞不好就寫不出來了，因為不用寫也可以過活。

陳：如果是我，就算中樂透還是會繼續寫，只是可以在比較大的房子、有僕人伺候的情況下寫（大笑）。富豪每年投資我一百萬，我保證繼續寫作，歡迎大家贊助，一百萬沒有很多吧，感覺具體可行欸，我的匯款帳號是⋯⋯

劉：等等，讓我放個QR Code在書裡（大笑）。

陳：我可以開收據喔，只是沒有公司抬頭。

你說寫作者很憂慮，但其他人也很慘啊，上班的人都知道自己可以走到什麼時候嗎？身體可以嗎，公司可以嗎？台積電永遠都會是護國神山嗎？存了一百張台積電股票的人有沒有憂慮？

劉：說的也是，憂慮大家都有。

陳：這樣想，我們有家人支持、有房子住，條件確實無敵，堪比中樂透。這樣說會不會被打死？（再度大笑）

劉：我這次有寫「創作者的另一半好像都要修水電」，家人和同伴支持確實很重要。

陳：對，需要一些方向感，比如你給我的幫助是不一定要寫超久，寫得快也很好。我是還沒有走到跟同伴借錢這一步，但是「啊，原來這種困擾你也有」「原來你手上有一百張台積電也很煩惱」**彼此確認有類似的困擾，都在試圖解決，假如我解決了會跟你分享，你也會跟我分享，這樣的支持很具體**。同伴有一些想法可以陪伴你度過，不敢說幫助，光是陪伴本身就非常有力量。

劉：有時候一篇文章磨很久，自己覺得曠世巨作，結果根本沒人在乎；寫很快卻有打到痛點，反而會被記住。不說分享經驗，光是有人能討論持續寫下去的條件，怎樣抵擋職涯憂慮就很好了，所以說「寫作是孤獨的工作」好像也未必。

Issue 2 在家工作的細節：吃飯那件小事

陳：我們就是有一台電腦必須打上字。你之前說一張白紙還值一塊錢，印上你的文章就變成廢紙不值錢，這太可怕了。你有想過那些紙的感受嗎？它們就是逆來順受。

劉：澄清一下，「印上文章變成廢紙」是前老闆何飛鵬社長說的（大笑），我一直警惕在心，印書要先砍樹，如果寫書沒人看，庫存賣不完還要銷毀，變成環保殺手真的很可怕。我希望寫書有人看。

陳：很多人都需要說話有人聽，比如願意接受採訪是因為可以一邊說給你聽，一邊整理自己。不然上班回到家，老婆或老公要聽你講話嗎，小孩只覺得你好囉嗦，可以不要再講了吧。上班可能團購那一刻比較不孤獨，大家團購的大概不是商品，而是被關心，比如你真的很想要那個海苔嗎？沒有吧，只是你也買這個，我也可以省下兩百塊，這就是一種支持系統。

劉：話說夫妻都在家工作，相處會有什麼問題嗎？比如**我結婚的時候，妹妹提醒老婆的第一件事是「不要叫我哥吃飯！」說工作被打斷我會很火大**，就算飯煮好也不能叫我去吃，老婆一直記得這件事。我本來想說有沒有這麼誇張？但思緒被打斷要花更多時間接上，就很想寫到一個段落再去吃飯，又發現自己每次被逼去吃飯都板著一張臉，情緒影

響到家人，才體會到大家真的很包容我……（慚愧）

陳：我是為了要吃到熱的東西，還有覺得煮飯的人很辛苦以及媽媽會生氣，於是一上桌就吃超快，再立刻狂奔回去繼續寫。但完全理解你不去吃飯的原因，比方我跟先生兩個人都在圖書館時，就會講「我再十五分鐘」或「你先去吃」，雖然不會把午餐分給你，但這就是同伴支持啊。

劉：你不會覺得很快吃完離開餐桌，沒陪家人會有點對不起嗎？雖然我只是買一堆零食放在房間，一邊工作一邊偷吃而已。

陳：也不是每天都這樣，一般情況還是會陪家人一起吃啦。等等，怎麼聊吃飯聊這麼久？

劉：因為講到寫作和上班很孤獨，需要同伴支持。

陳：對了，也許創作者跟他的伴侶，都在生活細節上有某種共識。據說有些人因為這次疫情回到家中工作導致離婚率增加，可能在吃飯和其他地方比較沒有共識，一直在家工作的人，要不滿早就不滿了（笑）。

劉：上次朋友告訴我，你覺得大家都很好相處，其實是大家都忍讓著你，我要重新意識到家人給我的包容。吃飯也是互相尊重的細節。

Issue 3

如何度過瓶頸，面對批評？

劉：想問你寫作面臨瓶頸或低潮時，都怎麼調適？

陳：你怎麼定義瓶頸跟低潮？

劉：比如這本書本來六月截稿，結果年底還沒寫完……

陳：這不是很正常嗎，你知道準時結案人只有兩成嗎？不過，商業案跟補助案還是有一些差異，商業案要準時沒錯。但你對瓶頸的定義就是delay嗎？

劉：比如寫不出來，或是寫完覺得很爛、到底有誰要看、自我懷疑。我總在情緒高點和低點擺盪，沒有中間的，有時候寫完覺得太好看了，我好厲害，重看又覺得是垃圾。

陳：我也有在寫作當下覺得「天啊，這就只是在湊字數而已」這種心情，就停擺了，直到後來有人邀稿，才想從之前寫的稿子裡切一份出來，讀一讀發現也是挺感動的，還哭了呢！其實沒有那麼差。**遇到瓶頸，我還是會訂一些小小的目標讓自己可以完成，就算是字數也可以。比如十篇寫不完就先寫一篇，或寫兩句話也可以**，再不然就設定主角的名字、年紀跟職業好了，做一些做得到的事情。

卡關的時候就整理家裡，把書櫃重新擺放，

或是去用洗碗機，雖然小說可能寫得很爛、字數也沒有到，但至少有把碗洗乾淨啊。大概是這種感覺。

劉：這麼說，我寫不下去或寫得很爛的時候，會去看之前的工作紀錄，比如九月很低潮，就回去看前八個月到底做了哪些事，只要**知道自己有累積一點東西，沒有浪費時間，就算工作成果不是非常好，也會比較心安**。

陳：問心無愧對寫作很重要。

劉：那如果有人看了你的書覺得很爛呢，你有被批評傷到的時候嗎？

陳：《我媽的寶就是我》的評論很恐怖喔。當初是別人告訴我的，才知道還有網友評價呢。

劉：也是朋友告訴我有人寫《離開公司，我過得還不錯》的負評，我才知道，朋友是想幫我辯護，但看到被批評的字眼還是很難過，當然不敢說自己的書多厲害啦，可是……

陳：你難過的點是？

劉：說我的書一點都不實用，又不是每個人都像我一樣，有房子住又不用養家，還講什麼自由工作的生存法？光是大前提就不值一提，後面當然不用看。

陳：而且你還有很會理財的老婆。

劉：如果沒有她，我應該無法繼續自由工作，真的很感謝。所以我不能辯駁什麼，寫的書不可能適用每個人，沒有一般性。

陳：這是從非常根本的地方開始否定了吧。我被批評《我媽的寶就是我》很無聊，對，要講的話可能沒什麼爆點，但就像**你不喜歡辣，而我煮了一道辣味料理，你吃了生氣，我概括承受。但是辣沒有錯，而我也沒有預期你會吃到**。如果這件事對我很有趣，但你覺得無聊，那你可以不要再看我的書，真的不要勉強，罵我要花時間，這投資不划算啊！

劉：我要寫下來，辣沒有錯！感覺你好強，我心理層面超弱，被稱讚會懷疑，被批評又很傷心，寫文章都不敢看網友留言。面對批評想了好久，只能說清楚**自己的經驗不是每個人通用，而是眾多選擇中的其中一種**，你可以參考，雖然不一定有用，但如果想要脫離原本的選擇，至少可以看看有人走過的那條路長怎樣。

陳：比如今天晚餐要吃麵還是吃飯？只要說得出理由，這兩個選擇都沒錯，而且晚餐又不是只有這兩種可能，不用畫出框架限制它，吃飯的支持者還來罵吃麵的，這沒意義呀！清楚自己想吃什麼，舉得出理由就可以，甚至不用是多高大上的理由。

劉：不是「各國實驗研究證明，發現吃麵一定比吃飯更健康，以後只能吃麵！」這樣。

陳：可能是以前寫作文的習氣吧，就是我們的題目是一樣的，但我的答案才是最好的！但如果是個人意見，就沒什麼對錯，為什麼要用這框架去框別人呢？只要說得通、別人能理解就可以，不需要世上所有人都按照你的邏輯去吃麵呀。

劉：看到批評會想以後該如何應對嗎？

陳：被批評確實有點恐怖，會想是不是別再做同樣的嘗試比較好？可是仔細想想就覺得……誰管你啊！你又做出什麼來了嗎？對那些說「我用膝蓋就可以寫出來」的人，請務必用膝蓋寫給我看啊，我很尊重口足畫家，用膝蓋寫我看很難。

劉：欸，這我會寫出來喔！

陳：你可以寫啊，我很樂意約時間去看，非常尊重你的膝蓋。**比起批評，我覺得比較危險的是恭維，因為會覺得「這樣就夠了」「這行得通耶」那我就不用再想別的方法讓大家接受了**。雖然有恭維也會覺得也不錯，但又很可怕……

Issue 4

沒準備好也敢出發的勇氣

劉：你覺得在寫作這個工作上，目前狀態如何？

陳：技能點數好像都點得差不多了，但是在想到底要往哪裡去？有點像是買了一台特斯拉，但要開去海邊還是山上比較好呢？過去會懷疑自己能力，比如故事能不能講得完整，細節有沒有可信度，能不能感動人心或是讓大家笑得出來，甚至經濟上能不能存活。但這些現在都不是問題，也都有機會解決，只是技能點滿之後，要往哪裡去呢？

劉：我最近也覺得能力和想法的準備都差不多了，只差沒有去做，現在想要把握時間趕快把想做的事做出來，好像是滿好的狀態。有點像要去旅行，行李準備差不多了，只差訂機票。

陳：也不一定是很好的狀態，**因為很多人沒帶東西也出發啦，騎機車就走了，內衣褲都在便利商店買，也沒有什麼不可以呀，這樣也可以去滿遠的喔！**

劉：那你有沒有想過能寫到什麼時候，會不會有一天放棄寫作這個工作？

陳：怎麼放棄？要從不是文盲變回文盲，也太困難了吧（笑）。寫作算工作嗎，比如我現在寫筆記，有在工作嗎，你對工作的定義是？

劉：比如腦子壞掉了沒辦法思考，能力上沒有辦法繼續寫，或寫出來的東西沒人要看了，沒辦法帶來收入。**雖然想一直寫到不能寫為止，但現實上不一定能做到**。

陳：我覺得完全不寫是不太可能，沒有人要看對我來說也不是問題，唯一的可能是我不想寫了、覺得無聊，而且沒辦法為別人帶來任何東西。

劉：如果寫作沒人看我就覺得沒意義了，但你好像不是這樣。

陳：對我來說，寫作跟整理比較類似，只是整理思緒還是整理家裡。當然家可以一年都不整理，但要永遠不整理也有點困難吧？**你說寫作是一種工作，但我會把「寫作」跟「發表」拆開來看，沒有覺得一定要發表**。寫作就像每天都要做的伸展運動啊，但這要發表嗎？可以考慮一下。

劉：看來我工作意識太重，都是以發表為前提，認定寫作是一件必須做的事，當然我很喜歡寫，但還是會怕有一天寫不下去、寫不出來、沒人要看，所以才會這麼焦慮。

陳：寫作和發表拆開來看會有很大的自由喔，沒人叫你要寫，你也有權力不寫啊，只是你自找苦吃。

劉：如果回到一開始的話題，寫作者會憂慮能不能繼續寫下去，面對未來你會怎麼預做準備？

陳：好好存款，不論有沒有在上班都要好好存款，還有像楊双子一樣記帳！

劉：如果要踏上寫作這條路，請做好財務和生活條件上的準備。

陳：建議沒有要踏上這條路的人也要做好準備。（兩人大笑）

end

我喜歡工作，
如果可以，不上班的工作更好

作　　者 | 劉揚銘 Yomi Liu
發 行 人 | 林隆奮 Frank Lin
社　　長 | 蘇國林 Green Su

出版團隊
總 編 輯 | 葉怡慧 Carol Yeh
企劃編輯 | 鄭世佳 Josephine Cheng
責任行銷 | 黃怡婷 Rabbit Huang
封面裝幀 | 木木Lin
版面設計 | 張語辰 Chang Chen

行銷統籌
業務處長 | 吳宗庭 Tim Wu
業務主任 | 蘇倍生 Benson Su
業務專員 | 鍾依娟 Irina Chung
業務秘書 | 陳曉琪 Angel Chen・莊皓雯 Gia Chuang
行銷主任 | 朱韻淑 Vina Ju
發行公司 | 悅知文化　精誠資訊股份有限公司
105台北市松山區復興北路99號12樓
訂購專線 | (02) 2719-8811
訂購傳真 | (02) 2719-7980
專屬網址 | http://www.delightpress.com.tw
悅知客服 | cs@delightpress.com.tw
ISBN：978-986-510-133-6
建議售價 | 新台幣320元　　首版一刷 | 2021年03月

國家圖書館出版品預行編目資料

我喜歡工作，如果可以，不上班的工作更好/劉揚銘著. -- 初版. -- 臺北市 : 精誠資訊股份有限公司, 2021.03
面；　公分
ISBN 978-986-510-133-6 (平裝)
1.修身 2.生活指導 3.自我實現
192.1　　110001398

建議分類 | 商業理財、職場工作術